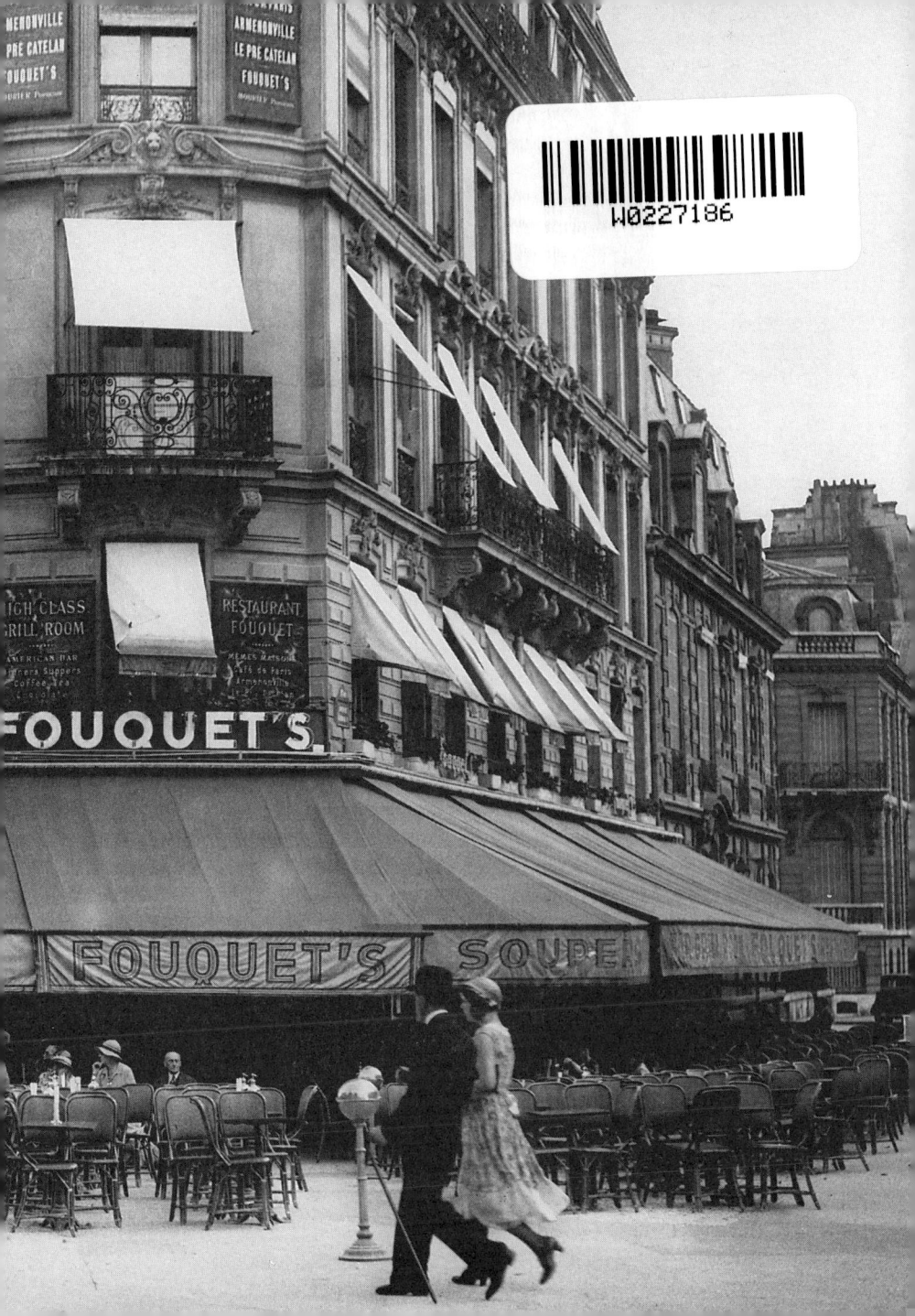

Noël Riley Fitch
Die literarischen Cafés von Paris

Aus dem Amerikanischen von
Katharina Förs und
Gerlinde Schermer-Rauwolf

Arche

Inhalt

Vorwort 5

Das Leben in Pariser Cafés 7

Die Cafés
von St.-Germain-des-Prés 21
Café les Deux Magots, Café de Flore,
Brasserie Lipp, Le Montana, La Palet-
te, Le Petit Saint-Benoît, Bar du Pont-
Royale, Restaurant des Beaux-Arts

Die Cafés am Montparnasse 39
La Closerie des Lilas, La Coupole,
Dingo Bar (Auberge du Centre), Café
du Dôme, Falstaff, Café François Coppée, Le Jockey, La Rotonde, Le Sélect

Die Cafés des Quartier Latin 61
Brasserie Balzar, Café de la Mairie,
Crémerie Restaurant Polidor, Le Pro-
cope, Lapérouse

Die literarischen Cafés und Restaurants
am rechten Seine-Ufer 71
Le Bœuf sur le Toit, Le Fouquet's, Ma
Bourgogne, Café de la Paix, Prunier

Die literarischen Bars
am rechten Seine-Ufer 81
Hemingway Bar im Hôtel Ritz, Harry's
New York Bar

Die Cabarets 85
Le Lapin Agile

Café-Grundwortschatz 86
Weiterführende Literatur 87
Personenregister 88

Copyright der deutschsprachigen Ausgabe:
© 1993 by Arche Verlag AG,
Raabe + Vitali, Zürich
Alle Rechte vorbehalten
Die amerikanische Originalausgabe erschien
1989 u. d. T. *Literary Cafés of Paris*
by Starrhill Press, Washington & Philadelphia
© 1989 by Noël Riley Fitch
Umschlag: Max Bartholl
Foto: Im Café les Deux-Magots,
St.-Germain-des-Prés, von Willy Ronis
© 1993 Rapho, Paris
Gestaltung: Michaël Bugmann
Satz: Uhl + Massopust, Aalen
Lithos: Grafil AG, Zürich
Druck, Bindung: Wilhelm Röck, Weinsberg
Printed in Germany
ISBN 3-7160-2160-1

Seite 1: Das Café Le Fouquet's
in den Zwanziger Jahren.
Seite 96: Place de l'Opéra, 1928.
Frontispiz: Das Café des Artistes,
Boulevard du Temple, um 1852.

Vorwort

»Frankreich ist das Land, in dem man vom Bummeln so leidenschaftlich viel versteht.«   Arnold Bennett

Man muß nicht unbedingt ein Weinkenner sein, um über das literarische Leben in Pariser Cafés zu schreiben, aber die Liebe zur Geschichte der Literatur und des Cafébesuchs sind unerläßlich. Ich war vor zwanzig Jahren einfach hingerissen von Paris, als die Stadt für mich der Inbegriff des Bohemelebens war, wo man in kalten Dachstuben wohnte und auf einer Caféterrasse schrieb, einem lodernden Kohlenfeuer zugewandt – mit glühender Stirn, der Stätte von Erinnerungsvermögen und Phantasie, während man hinten, wo ja bloß der Körper seine Stütze hat, fror. In der Zwischenzeit habe ich die Realität des Pariser Künstlerlebens erforscht – da auch ich hier eine Fremde bin, habe ich mich hauptsächlich mit den ausländischen Künstlern in dieser Stadt befaßt – und mich in einen Mann verliebt, der gut ein Franzose sein könnte, obwohl er in Berlin geboren und in Manhattan groß geworden ist. Wir haben eine kleine Zweitwohnung in der Straße zwischen dem 6. und dem 7. Arrondissement dieser Stadt, unserer Wahlheimat für den Sommer. Wie Waverley Root (*Die Küche in Frankreich*), dieser amerikanische Gourmet aus Rhode Island – der Heimat meiner Mutter –, genießen wir Frankreichs reiche Gaben. In seinem Brief fragt mein Schwager aus Idaho, ob ich noch irgend etwas anderes tue außer essen. Ja, ich gehe zwischen den Mahlzeiten spazieren oder warte in Cafés darauf, daß die Zeit zum Essen naht.

Für Gailyn Fitch,
den Cafébesucher *par excellence*

Das Leben
in Pariser Cafés

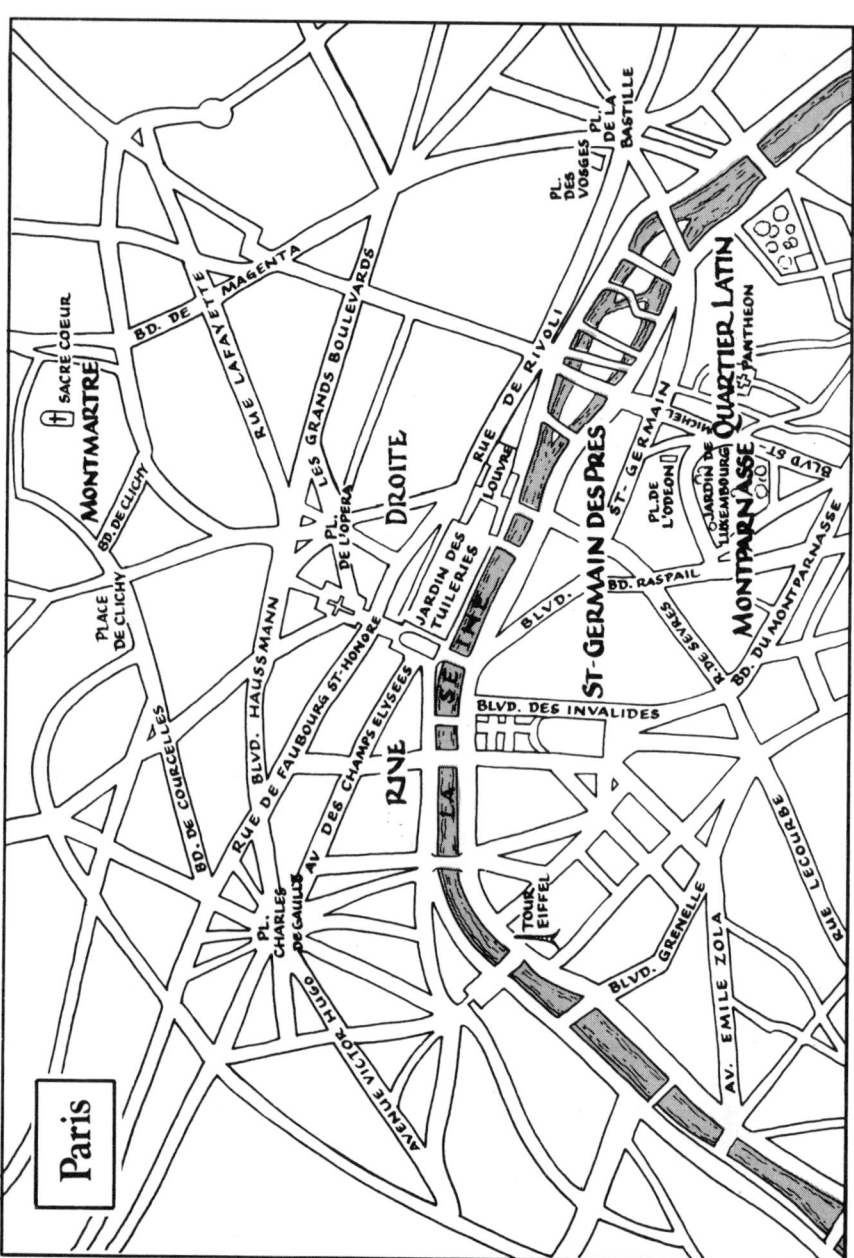

Paris

SACRE COEUR

MONTMARTRE

BD. DE CLICHY

PLACE DE CLICHY

BD. DE COURCELLES

BD. DE LA CHAPELLE

BD. DE MAGENTA

RUE LAFAYETTE

LES GRANDS BOULEVARDS

RUE BLVD. HAUSSMANN

RUE DE FAUBOURG ST-HONORE

PL. DE L'OPERA

DROITE

RUE DE RIVOLI

RUE LOUVRE

JARDIN DES TUILERIES

RIVE

AV. DES CHAMPS ELYSEES

GAUCHE

SEINE

PL. CHARLES DE GAULLE

AVENUE VICTOR HUGO

TOUR EIFFEL

BLVD. DES INVALIDES

R. DE SEVRES

BD. RASPAIL

BLVD. ST-GERMAIN

ST-GERMAIN DES PRES

PL. DE L'ODEON

JARDIN DES LUXEMBOURG

BLVD. ST-MICHEL

QUARTIER LATIN

PANTHEON

MONTPARNASSE

BD. DU MONTPARNASSE

BLVD. GRENELLE

AV. EMILE ZOLA

RUE LECOURBE

PL. DES VOSGES

PL. DE LA BASTILLE

Wenn die Franzosen, wie Henry James behauptet, in der Kunst zu leben unübertroffen sind – sie nennen es *l'entente de la vie* –, findet diese Fähigkeit ihren sichtbarsten Ausdruck im Café. Hier kann man stundenlang in Ruhe sitzen und wird weder von ungeduldigen Bedienungen noch von Gästen gestört, die auf einen freien Tisch warten. Am Vormittag kann man dort lesen und schreiben, am Nachmittag seine Geschäfte erledigen und am Abend mit Freunden scherzen und diskutieren.

Zum Teil beruhen die Annehmlichkeit und der Zauber des Cafélebens auf den leuchtenden Farben, dem dargebotenen Schauspiel des Lebens und dem Aufeinanderprallen der Gerüche. Thomas Wolfe hat in *Von Zeit und Strom* den »verderbten und sinnlichen, subtilen und schamlosen« Rausch der Düfte in Pariser Cafés geschildert. Seiner Meinung nach kann diese Mischung am besten beschrieben werden als ein Potpourri »der Gerüche von kostbarem Parfüm, von Wein, Bier und Cognac, den beißenden Rauchschwaden französischen Tabaks und gerösteter Kastanien, von schwarzem französischem Kaffee, rätselhaften Likören in Hunderten von berauschend leuchtenden Farben und dem schimmernden Fleisch parfümierter Frauen«.

Doch Poesie und Düfte, Gauloises und Espresso bieten nicht allein die Erklärung für die zentrale Stellung des Cafés im französischen Alltag. Das Café befriedigt mehrere Grundbedürfnisse des Lebens: Dort gibt es Kaffee, Zigaretten, Toilettenartikel, Zeitungen und ein Telefon. All das, zusammen mit Briefmarken und Ansichtskarten aus einem *Café-tabac* und einem bequemen Stuhl auf dem Gehweg in einer angenehmen Umgebung, macht es einem leicht zu vergessen, wie die Zeit verrinnt. Und nun vergleichen Sie das mit den Vereinigten Staaten, wo man den Durst an einem öffentlichen Wasserspender oder in einem überlaufenen Coffeeshop stillt und bei einem Ausflug in die Phantasie immer wieder von der Wirklichkeit eingeholt wird – in Gestalt einer Uhr, die manchmal sogar jede Viertelstunde schlägt.

Das Café ist eng mit dem Kaffeehaus in Österreich, der Taverna in Griechenland, dem Club oder Pub in England und der Bar und dem Coffeeshop in den Vereinigten Staaten verwandt, manchmal ist es sogar schwer davon zu unterscheiden. Aber es ist weder eine Bar noch ein Restaurant. Es ist ein Ort zum Verweilen, an dem man Freunde trifft und Neuigkeiten austauscht, während man etwas trinkt oder einen Happen ißt. Die ersten Cafés entstanden in Paris, nachdem man in der zweiten Hälfte des 17. Jahrhunderts in den Cabarets angefangen hatte, Tee, Schokolade und Kaffee anzubieten. Immer häufiger öffneten nun diese Etablissements ihre Türen und Fenster, die auf die Straße hinausgingen, hängten Kristallüster auf, führten die Sitte ein, beim Kaffeetrinken zu rauchen und legten Zeitschriften aus. Das erste Pariser Café war wahrscheinlich das Le Procope, das um 1675 von einem Sizilianer eröffnet wurde (1686 fand der Umzug in die heutigen Räumlichkeiten statt), der so mithalf, Frankreich in eine Gesellschaft von Kaffeetrinkern zu verwandeln.

Aus der Handvoll Cafés, die es 1675

gegeben hatte, waren bis zum Beginn der Französischen Revolution 1100 geworden. Und diese beachtliche Zahl stieg im 19. Jahrhundert noch weiter an: auf 3000 im Jahre 1825 und 4000 im Jahre 1869, bis sie zwischen den beiden Weltkriegen ihren Höhepunkt erreichte. Die großen Cafés des 19. Jahrhunderts lagen an den *Grand Boulevards* und waren vornehme Stätten, wo im hellen Licht verspiegeltes Glas und vergoldete Decken funkelten, wie im Café de la Régence, im Café de la Paix und im Café Anglais. Zu Beginn des 20. Jahrhunderts gab es unzählige Künstlercafés am Montmartre, aber der Trend ging bald in Richtung Montparnasse und nach dem Zweiten Weltkrieg nach St.-Germain-des-Prés. Um diese Zeit war die Zahl der Cafés dann auch bereits im Schwinden begriffen. Denn obwohl für viele Pariser ein Restaurantbesuch weiterhin erschwinglich war, begannen Fernsehen und verbesserte Wohnverhältnisse die Eßgewohnheiten

Die Brasserie Lipp am Boulevard Saint-Germain.

Das Café les Deux Magots in den dreißiger Jahren.

zu verändern. Aber selbst heute, da noch weit mehr Pariser zu Hause essen, nehmen sie den Kaffee häufig im Café. Der Cafébesuch ist einem Tagesrhythmus unterworfen. Ein Kaffee mit Croissant im Dôme sorgt für die notwendige Energie, um sich am Vormittag dem Schreiben, einer Kunstvorlesung, einem Museumsbesuch oder Bankgeschäften zu widmen. Gegen ein Uhr mittags trifft man sich vielleicht mit einem Freund in der Brasserie Lipp zu einem Imbiß. Nach einem arbeitsreichen Nachmittag gönnt sich der Schriftsteller dann einen Apéritif im Deux Magots. Während des frühen Abends herrscht hier, mitten in St.-Germain-des-Prés, ein reges Treiben, und an den Tischen gibt es ein ständiges Kommen und Gehen. Waverley Root bezeichnete dieses Wechselspiel als »intramurale Bewegung« (eine Bewegung innerhalb von Mauern, die Eingeweihten bekannt ist). Irgendwann zwischen acht und neun Uhr abends findet man sich dann zusammen, um in einem kleinen Restaurant etwas essen zu gehen. Endlich beschließt man den Abend mit einem Kaffee im Closerie des Lilas. Bis in die Nacht hinein bilden sich dort ständig neue Gruppen und lösen sich wieder auf; ein letztes Glas kann sich stundenlang hinziehen.

Zeitverschwendung? Ganz sicher nicht. Mußestunden? Teilweise. Man hat Zeit dazusitzen und nachzudenken, zu träumen und den Gang des Lebens zu beobachten. Zeit, die nächste Geschichte zu entwerfen oder die Wortfolge eines Gedichts zu bestimmen. Zeit, eine Unterhaltung oder einen Wortwechsel zu belauschen und in ein Theaterstück einzubauen. Aber selbst von den lauten, prallvollen Momenten profitieren Kunst und Literatur, denn in den Cafés finden sich Künstler auf der Suche nach Gesellschaft, nach Inspiration, nach einflußreichen und geschäftlichen Verbindungen ein. Kein Wunder also, daß Rabelais und Verlaine ebenso wie Sartre und Beauvoir dem Caféleben frönten.

Cafés bieten im Winter ein grundsätzlich anderes Erscheinungsbild als im Sommer, denn was sie im Sommer nach außen kehren, stülpen sie im Winter ein. Während kalter Regen fällt, bieten die Cafés einen warmen Unterschlupf. Die Literaten treffen sich drinnen oder auf der beheizten Terrasse, die mit einer Verglasung vor Regen und Graupel schützt. Einst wurde hier ein Brennmaterial verfeuert, das wie Feuerwerkskör-

Das Café La Closerie des Lilas, Boulevard du Montparnasse.

per krachte, rot glühte und einen angenehmen Geruch verbreitete. Auch heute noch glühen elektrische Heizstrahler neben den Mänteln und Galoschen am Eingang. Der Zigarettenrauch in einem überfüllten Café im Winter kann einen asthmatisch husten lassen, aber man hat es auf jeden Fall viel wärmer als zu Hause – in einer schlecht geheizten Wohnung oder einem eiskalten Hotelzimmer. Der Sommer wird damit eingeläutet, daß die Cafés ihre Türen öffnen und die Tische dichtgedrängt auf den Gehweg stellen. Jetzt beginnt das Leben im Freien. Gesichter und ausgestreckte Beine richten sich nach dem Stand der Sonne aus. Für Henry James verwandelten sich die Sommerboulevards in »lange Ketten von Cafés, von denen ein jedes seine kleine Insel in das Asphaltmeer gepflanzt hat. Zweifellos handelt es sich hierbei nicht exakt um die Inseln der Seligen, obwohl manche der Gäste von Sirenen zum Bier verführt werden, aber sie helfen einem zumindest, einen heißen Sommerabend zu überstehen.«
In einer Stadt, in der die Menschen beengt in Etagenwohnungen leben, diente das Café seit jeher als zusätzlicher Lebensraum, ja als Wohnzimmer. »Als Lehrer mit nur wenig Geld lebte ich in einem Hotel«, schrieb Jean-Paul Sartre. »Und wie alle Leute, die in Hotels wohnten, verbrachte ich den größten Teil des Tages im Café.« Französische Wohnungen sind klein; man gibt in Frankreich traditionell bedingt zwar 45 Prozent des Einkommens fürs Essen, aber nur 10 bis 20 Prozent für die Miete aus. Zu dem knappen Wohnraum kommen hohe Heizkosten, und so ist es nicht weiter verwunderlich, daß die

Franzosen ihre Gäste normalerweise zum Essen in ein Restaurant einladen und den Kaffee nach dem Essen in einem Café nehmen.
Desgleichen dienten die Cafés den Literaten als Arbeitszimmer und Büro, wo sie gleichzeitig essen, trinken, Freunde empfangen und arbeiten konnten. Und für den Preis eines Kaffees bekam der Schriftsteller für diesen Tag gratis einen geheizten Raum dazu. So wurden die Cafés zum eigentlichen Zuhause, zu einem Ort, wo man bekannt und willkommen war; die anderen Gäste und der Wirt avancierten zur Familie. »Ich habe das Gefühl, zu einer Familie zu gehören, und das bewahrt vor Depressionen«, schrieb Simone de Beauvoir über ihr Leben im Café während des Kriegs.
Nahezu jeder Schriftsteller und Künstler, ob Franzose oder hier im Exil, ging in dem einen oder anderen Pariser Café in die Lehre. So schrieb Simone de Beauvoir oben im Sélect; Ernest Hemingways Kurzgeschichten entstanden

Jean Paul Sartre, Boris Vian und Simone de Beauvoir im Café Flore.

Pauline Pfeiffer (Mitte), Ernest und Hadley Hemingway (rechts),
Gerald und Sara Murphy (links), 1926.

im Closerie des Lilas; und Léon-Paul Fargue verbrachte den frühen Abend ebenso wie die Stunden um Mitternacht in seinem jeweiligen Lieblingscafé – anfangs im Café de Flore, in seinen letzten Lebensjahren im Café François Coppée.

Das Straßencafé vermittelt dem Schriftsteller einen Blick für die Wirklichkeit und lüftet seinen von den Mottenkugeln der Bibliotheken und dem Bücherstaub umnebelten Geist, schrieb Anatole Broyard einmal in der *New York Times*. Gertrude Stein hielt sich von den Cafés fern, schildert er amüsiert weiter, und »das mag die Problematik ihres Werkes sein; denn niemand wäre in einem Café sitzen geblieben und hätte sich all diese Wiederholungen angehört, nicht einmal, wenn die Getränke umsonst gewesen wären«.

Eine der prägnantesten Szenen in Ernest Hemingways Zusammenfassung seiner Pariser Jahre ist auf den ersten Seiten von *Paris – ein Fest fürs Leben* zu finden. Er begibt sich in ein Café am Place St.-Michel, hängt seinen nassen Regenmantel auf, legt seinen schäbigen Hut auf die Ablage, bestellt einen *café au lait*, zückt das Notizbuch und einen Bleistift und schreibt eine Geschichte, die in Michigan spielt. Die warme und freundliche Atmosphäre (zusätzlich angeheizt von einem westindischen Rum) und ein hübsches Mädchen, das allein am Fenster sitzt, inspirieren ihn. Sie erregt ihn, und er schreibt weiter bis zum Schluß. Als er wieder aufsieht, ist sie gegangen. Er fühlt sich ausgelaugt und zugleich traurig und glücklich – seinen Worten nach wie nach einer Liebesnacht –, wie immer, wenn er eine Geschichte zu Ende geschrieben hat; dann bestellt er Austern und gekühlten Weißwein, und schon bald verfliegt das Gefühl der Leere.

Blick vom Place de Rennes auf den Boulevard du Montparnasse und das Restaurant Lavenue.

Weil er so viele Stunden schreibend im Café verbringt, entwickelt beinahe jeder Schriftsteller eine Vorliebe für ein bestimmtes Café, dem er treu bleibt und mit dem er sich identifiziert. Man wechselt leichter die Religion als das Café. Und auch, wenn du die Adresse deines Freundes nicht kennst, so weißt du doch immer, in welchem Café er verkehrt. Ein paar Literaten – wie der Dichter Paul Fort im Closerie des Lilas oder Sartre im Sélect – hielten dort regelrecht hof, als Könige mit ständig wechselnden Vasallen.

Andere Schriftsteller waren oder sind Stammgäste verschiedener Cafés. So nahm Apollinaire, der charismatische Dichter, der nur 38 Jahre alt wurde, seinen Mittagsimbiß im La Palette, den Kaffee im Flore und versäumte nie die Dienstagstreffen von Paul Fort im Closerie des Lilas, eine ständige Einrichtung in der ersten Dekade unseres Jahrhunderts. Bei einigen Schriftstellern führte der häufige Aufenthalt im Café, wo Alkohol eine ständige Verlokkung ist, zum Ruin. So verbrachte Paul Verlaine, der lyrische Vagabund des 19. Jahrhunderts, sein Leben damit, in Cafés giftigen Absinth zu saufen und trunken und mit einer ständig schlechter werdenden Gesundheit zwischen Krankenhaus und Gefängnis hin und her zu wandern, bis er schließlich einsam und jämmerlich starb.

Neben ihrer wertvollen Funktion als Arbeitszimmer und Büros waren die Cafés auch immer Zentren des Klatschs. Ernest Hemingway, selbst Journalist, bemerkte einmal, daß die Cafés am Montparnasse gewissermaßen die Vorgänger der Kolumnisten waren, »täg-

licher Ersatz für die Unsterblichkeit«. Bereits früher äußerte sich der Pariser Dichter Léon-Paul Fargue ganz ähnlich über die Cafés in St.-Germain-des-Prés:
»Wenn es im Laufe des Tages einen Conseil de Cabinet, einen Boxmatch im Staate New Jersey gegeben hat, einen Grand Prix de Conformisme, einen literarischen Seitenhieb, einen Wettbewerb der Tenöre auf der Rive Droite oder irgendeinen Zank, so sind die Stammgäste der Cafés der Place St.-Germain-des-Prés mit die ersten, die das Ergebnis dieser Konzile oder dieser Wettstreite erfahren... [Hier] fühlt man sich am meisten ›auf der Höhe seiner Zeit‹, der wirklichen Aktualität am nächsten, den Männern, die die tieferen Zusammenhänge des Landes, der Welt und der Kunst kennen.« (*Der Wanderer durch Paris*).

Fargue mochte vor allem das Lipp, »wo man für einen halben Liter den getreuen und vollkommenen Überblick eines politischen oder intellektuellen französischen Tages erhält« (Fargue, *Der Wanderer...*)

So verwundert es auch nicht, daß die moderne Tageszeitung ihren Ursprung

Meret Oppenheim und Irène Zurkinden im Café du Dôme, 1932.

in den Londoner Kaffeehäusern des 17. Jahrhunderts hat – Brennpunkten sozialen Lebens, die Addison besuchte, um für den *Spectator* die öffentliche Meinung auszukundschaften.

»Eine so große Universität gab es meiner Meinung nach noch nie, in der man so viel lernen kann, und es kostet kaum einen Penny.« (*Neues aus einem Kaffeehaus*, englische Flugschrift von 1677) In französischen Cafés lagen traditionellerweise Zeitungen aus, und die Journalisten trafen sich ebenfalls dort, um Informationen aufzuschnappen und Neuigkeiten zu verbreiten. Emile Zola schrieb seinen großartigen Essay *J'accuse*, mit dem er Anklage gegen die französische Regierung wegen ihrer Handhabung der Dreyfusaffäre erhob, an einem Tisch im Durand's. Der Essay wurde in *L'Aurore* veröffentlicht; am nächsten Tag steckte des Blatt in hölzernen Zeitungshaltern und wurde an jedem Cafétisch von Paris gelesen.

Obwohl der stürmische Aufschwung der modernen Presse das Nachrichtenwesen verändert hat, sind die heutigen Cafés Zentren der politischen und literarischen Kritik und der Streitgespräche geblieben. Manchmal übernehmen sie auch die Funktionen, die früher Kirche, Universität und Marktplatz innehatten, denn das intellektuelle Leben ist nach Richard Le Gallience (*From a Paris Garret*) in die frei zugänglichen Cafés abgewandert. 1936 schrieb er: »Diese wildromantisch beleuchteten, lebendigen und lärmenden Cafés sind die direkten Nachfahren der Klöster von Notre-Dame und Sainte-Geneviève.« Auch das politische Leben wurde hier gepflegt: Eine der Reden, die zum

Sturm auf die Bastille führten, wurde vor dem Café Foy am Palais-Royal gehalten; und während des Algerienkrieges strömten antigaullistische Studenten aus den Cafés von St.-Germaindes-Prés, rissen Pflastersteine aus den Straßen und schleuderten sie gegen die vorbeifahrenden vornehmen Limousinen.

Daß das Café sowohl ein literarisches wie auch ein politisches Forum ist, belegen die Einzelbeschreibungen auf den folgenden Seiten. Sisley Huddleston, ein englischer Journalist im Paris der zwanziger und dreißiger Jahre, behauptete, das französische Café sei der »Nährboden für Kunst und Literatur«.

Hans Arp in einem Pariser Café, 1914.

Das Café du Dôme am Boulevard du Montparnasse, 1932.

Und bei Roger Shattuck (*Die Belle Époque*) können wir nachlesen, daß der Impressionismus »die erste künstlerische Bewegung war, die ausschließlich im Café organisiert wurde« – in Cafés wie dem Nouvelle Athènes und dem Guerbois. Auch der Dadaismus formierte sich mit Tristan Tzara in einem Café in Zürich. Und die Herausgeber der kleinen Zeitschriften der zwanziger Jahre »begaben sich auf der Suche nach Mitarbeitern ins Dôme«, schreibt der amerikanische Kritiker Malcolm Cowley. »Es war leichter, als Briefe zu schreiben... und neben all seinen anderen Funktionen diente das Dôme auch als Freiverkehrsmarkt, an dem mit literarischen Perspektiven gehandelt wurde.« Am besten zeigt das Beispiel des Lebens von Jean-Paul Sartre, des führenden französischen Intellektuellen seiner Zeit, wie das Café tatsächlich als literarisches Forum diente. Sartre, der eisern die These vertrat, daß der Schriftsteller eine öffentliche Funktion ausübe, nutzte das Café als politischen Umschlagplatz von Ideen. Im Gegensatz zu anderen Ländern konzentriert sich in Frankreich das gesamte Geistesleben auf eine Stadt, Paris. Und hier liest nicht nur jeder die gleichen Zeitungen, man besucht auch dieselben Cafés, wo kulturelle und politische Themen auf neutralem Boden diskutiert werden.

Aber auch für Handel und Wandel spielt das Café eine wichtige Rolle. Hier bringen Verkäufer Zeitungen, Zeitschriften, Kitsch und Schnickschnack an den Mann; selbst Prostituierte bieten hier ihre Ware feil. Nach Sinclair Lewis sind »im Dôme oder im Sélect nur wenige professionelle Nutten zu finden, aber manche der Amateurinnen sind nicht weniger fachkundig«. Doch sind Cafés auch die besten Plätze für seriöse Verhandlungen und Geschäftsabschlüsse; sie sind lange geöffnet, bieten Speis und Trank und sind zahlrcih in bequemer Entfernung vorhanden. Wenn man in Paris eine Freundin oder einen Geschäftspartner anruft, um einen Treffpunkt zu vereinbaren, denkt man immer zuerst an ein zentral gelegenes Café. Es ist ein öffentlicher Warteraum mit Aussicht auf die Stadt und der Verheißung auf Zerstreuung, falls sich der andere verspäten sollte.

Und nicht zuletzt hat das Sitzen im Café einen hohen Unterhaltungswert. Das Café ist Bühne und Laufsteg; da ist Kiki mit ihrem farbenfrohen Make-up; dort schlendert Josephine Baker mit einem Gepard die Tische des La Coupole entlang; Salvador Dalí mit seinem kunstvoll geschwungenen Schnurrbart und einem Cape rauscht ins Sélect. Nebenbei bietet es auch die Möglichkeit zum Sport. Als das Dôme noch eine Spelunke war, gab es dort ein Billardzimmer; im Sélect wurde schon immer Schach gespielt; und der Tanz zum Nachmittagstee gehört im La Coupole einfach mit dazu.

Doch soll ein anderer Sport nicht verschwiegen werden, der ebenfalls zum Cafébesuch gehört. Das Beobachten anderer Leute von einem Cafétisch aus ist in Frankreich ein so beliebter Zeitvertreib wie der Besuch eines Baseballspiels in den Vereinigten Staaten. Dabei müssen einige wichtige Voraussetzungen stimmen: Das Spielfeld muß in bequemer Entfernung zu einer belebten

In großer Runde im Café de La Rotonde: Kiki (3. von rechts), Pascin (1. von links), Man Ray (3. von links).

Rechts vom Café La Coupole ist noch das Schild des Kohlenhändlers Juglar zu sehen, auf dessen Gelände das Café erbaut wurde.

Straße oder Kreuzung liegen; es muß genau das richtige Maß an Sonne bieten; und man muß genug Kleingeld in der Tasche haben, um zumindest einen Kaffee bezahlen zu können. Die besten Spieler wählen einen Standort, von dem aus sie sowohl auf die Vorübergehenden wie auch auf ihre Mitspieler einen unverstellten Blick haben. Ziel des Spiels ist es, Vorübergehende nach Nationalität und Beruf zu klassifizieren; am leichtesten wurden einst die Amerikaner aufgrund ihrer riesigen Schritte und ihrer unschuldigen Mienen identifiziert. Geübte Spieler können aus einem flüchtigen Eindruck eine ganze Lebensgeschichte komponieren. Es gibt nur eine einzige Spielregel dabei: Man darf sich nicht beim Anstarren erwischen lassen.

Ein abschließendes Wort noch zum Wandel der Zeiten, provoziert durch den lauten Protest gegen den Abriß des La Coupole 1988. Heute nicht anders als in früheren Zeiten gedeihen Cafés, oder sie siechen dahin, und manchmal gelangen sie zu einer neuen Blüte. Die meisten der in diesem Buch erwähnten Cafés haben mehrere Veränderungen durchlaufen, und jedesmal haben die Stammgäste bitter über den Wandel geklagt. Als Hemingway 1924 nach Paris zurückkehrte, fand er das La Closerie des Lilas völlig aufgedonnert vor, und die Kellner trugen keine Schnurrbärte mehr. Er war verärgert. Harold Stearns, einer der bekanntesten amerikanischen Journalisten in den zwanziger Jahren in Paris, erinnert an die Zeiten, als das Dôme noch ein altmodisches Bistro an der Ecke war, das Sélect ein Geschäft für gebrauchte Möbel, das La

Picasso mit Amedeo Modigliani (links) und André Salmon vor dem Café de La Rotonde, um 1915.

Coupole ein Holz- und Kohlenlager, das Dingo eine winzige Arbeiterkneipe und das La Rotonde die »enge, schmutzige und historische« Stätte, wo sich Trotzki herumtrieb. Ein anderer Journalist schrieb 1933, daß er miterlebt habe, wie sich das La Coupole im Viertel ausgebreitet habe »wie ein Pilz«, das Le Sélect sich »an Oscar Wilde und das La Rotonde an nordischen Vorbildern« orientierte, während sich das Dôme »von einer häßlichen Warze zu einer amerikanischen Bar« gemausert habe.

Wenn eine Veränderung stattfindet, sollte man daran denken, daß die Äußerlichkeiten vergänglich sind und der gräßliche neue rote Plüsch schließlich verblassen wird; die Aura eines Cafés hingegen, in dem man tagtäglich willkommen ist, wo man arbeiten oder Freunde treffen kann, ist beständig, wenn nicht sogar unvergänglich. Jedes Café ist immer wieder in der Beliebtheitsskala gestiegen und gesunken;

kaum wird ein Café zum Favoriten erklärt, gilt ein anderes als »tot«, und das im ständigen Wechsel.

Die Cafés, die auf den folgenden Seiten besprochen werden, sind heute alle quicklebendig. Außerdem werden manche der großen alten Cafés, die verschwunden sind, in der kurzen Einführung zum jeweiligen Viertel erwähnt. Allerdings werden Sie in diesem Buch keine Cafés finden, in denen nur ein einziger Schriftsteller verkehrte: Gides Lieblingsrestaurant des Saints-Pères fehlt ebenso wie Samuel Becketts Café de l'Arrivée, an dessen Tisch er 1931 *Proust* schrieb, und Adamovs Old Navy Bar, in der er von 1964 bis 1967 täglich zu finden war; auch John Dos Passos Au Rendezvous des Mariniers am Quai d'Anjou (das es heute nicht mehr gibt) und Colettes Grand Véfour sind nicht enthalten. Vergeblich werden Sie auch Plätze wie das Maxim's suchen, das zwar auch Schauplatz mehrerer Stücke und Musicals, aber dennoch vor allem ein vornehmes Restaurant ist. Andere Cafés wiederum sind lediglich eine literarische Erfindung, wie das Café Momus in Henri Murgers *Scènes de la Vie de Bohème*, der Vorlage zu Puccinis Oper *La Bohème* (1896). Allerdings wurden neben den Cafés auch eine Handvoll Bars und Restaurants in den Führer mit aufgenommen, die in der Literaturgeschichte eine große Rolle spielen.

»Die Stunden, die ich im Café verbrachte, sind die einzigen, in denen ich lebte, außer jenen, in denen ich schrieb.« Anäis Nin

Jean Paul Sartre im Café Flore, Dezember 1945.

Die Cafés von
St.-Germain-des-Prés

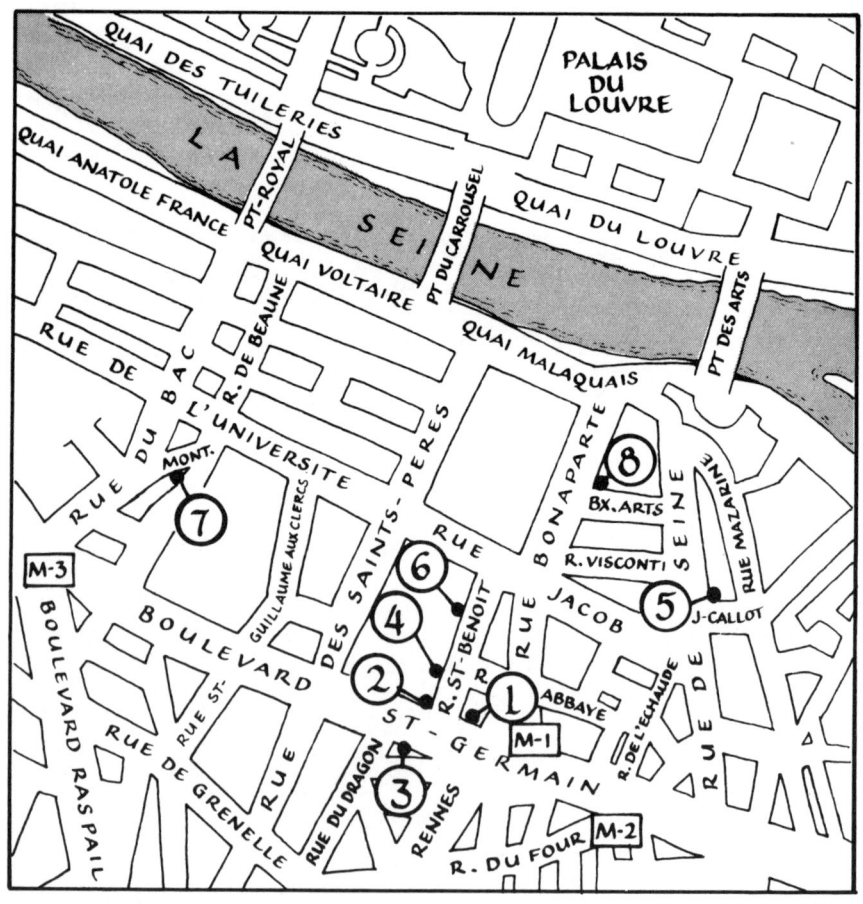

St.-Germain-des-Prés

1 Café les Deux Magots
2 Café de Flore
3 Brasserie Lipp
4 Le Montana
5 La Palette
6 Le Petit Saint-Benoît
7 Bar du Pont-Royal
8 Restaurant des Beaux-Arts

Metrostationen:
M-1 St.-Germain-des-Prés
M-2 Mabillon
M-3 Rue du Bac

Cafés an größeren Straßenkreuzungen sind beliebt, weil sie leicht zu erreichen sind und es zudem ermöglichen, zu sehen, wer vorübergeht. Stellen Sie sich die folgenden drei Cafés vor, die jeweils an Kreuzungen liegen, wo mehrere Straßen und Boulevards aufeinandertreffen: das Deux-Magots (St.-Germain und Rennes), das Closerie des Lilas (Montparnasse, Notre-Dame-des-Champs, L'Observatoire, Port-Royal) und das Dôme (Montparnasse, Delambre, Raspail). Jedes von ihnen bietet die Sicht auf mehrere zusammentreffende Verkehrsadern und liegt in unmittelbarer Nähe einer Metrostation (St.-Germain-des-Prés, Pont-Royal respektive Vavin) und mehrerer Bushaltestellen.

Das Deux-Magots und die benachbarten Cafés liegen südlich der Seine neben der ältesten Kirche von Paris, der Abbaye St.-Germain. Zeitgenössische Leser assoziieren mit den Cafés in diesem Viertel, wo sich heute Kunstschulen, Galerien und Verlage angesiedelt haben, vor allem Sartre und die französischen Existentialisten.

Aber schon ein Jahrhundert bevor diese Philosophen von dem Café de Flore Besitz ergriffen haben, hatte Delacroix sein Atelier nebenan in einem schäbigen Hinterhof; sein guter Freund Chopin stellte ein Klavier in das Atelier und veranstaltete dort Musikabende, bei denen George Sand Ehrengast war; Victor Hugo lebte und arbeitete in der Rue du Dragon; Racine starb 1699 in der Rue Visconti, und in derselben Straße scheiterte Balzac im Jahre 1828 als Buchdrucker; Oscar Wilde, der in Paris im Exil lebte, starb im Jahre 1900 in der Rue des Beaux-Arts. Dieses Viertel ist reich an literarischen Konnotationen. »Die Straßen singen, die Steine sprechen. Die Häuser triefen von Geschichte, Ruhm und Romantik«, schrieb Henry Miller 1930 aus dem Hôtel St.-Germain-des-Prés.

❶ Café les Deux Magots
170 Boulevard St.-Germain (6ᵉ)
Tel: 45 48 55 25
Öffnungszeiten:
Täglich 8.00 – 2.00 Uhr
Metro: St.-Germain-des-Prés
1875 in einer der besten Lagen von Paris gegründet, breitet sich das Deux Magots an einer der größten und belebtesten Kreuzungen der Stadt aus; man kann von hier aus die Gesamtansicht der alten Kirche auf der gegenüberliegenden Straßenseite genießen. Es gibt mindestens zwei Legenden, die sich um den Namen und die Entstehung des Deux Magots ranken: Eine Version erzählt, daß es den Namen von einem Hutladen übernommen hat, der sich an derselben Stelle befand; der anderen Version zufolge war das Café ehemals ein Geschäft, das mit orientalischen Waren handelte und dessen Markenzeichen zwei groteske chinesische Porzellanfiguren (Magots) waren. Die beiden chinesischen Würdenträger sind auf den Mittelsäulen im Inneren des Cafés zu sehen, wo man unter den großen Spiegeln in Ruhe sitzen kann.

Über hundert Jahre lang ist das Deux Magots für Schriftsteller eine Heimat gewesen; viele haben hier ihre Bücher geschrieben, drinnen auf einem Tisch ihre Manuskripte geordnet oder mit ihren Verlegern auf die Veröffentlichung angestoßen. »Rendez-vous de l'élite intellectuelle« steht auf der Speisekarte, wie um die überteuerten Preise zu rechtfertigen. Schon vor fünfzig Jahren klagte Paul Fargue, jener französische Dichter der Straße, das Café sei »sehr beliebt bei Snobs, die finden, daß der Dubonnet zu hundert Sous keine übertriebene Ausgabe ist für den, der dem Apéritif moderner Schriftsteller beiwohnen kann«. Zwischen den Kriegen, also bevor deutsche Touristen das Lokal überschwemmten und die Preise verdarben, frühstückte hier jeden Morgen der Dramatiker Jean Giraudoux und empfing seine Freunde.

Auch die Dichter Verlaine, Rimbaud und Mallarmé gingen hier im 19. Jahrhundert ein und aus, ebenso wie die Surrealisten Breton und Artaud Anfang des 20. Jahrhunderts.

An einem Augustabend des Jahres 1926 vertraute Grant Wood, der damals in Europa studierte und malte, seinem Freund William Shirer, einem amerikanischen Journalisten der *Chicago Tribune* an, daß er nach Iowa zurückgehen wolle. Während er an seinem Weißwein nippte und auf den Kirchturm starrte, erklärte er, daß »alles«, was er bisher getan habe, »falsch« gewesen sei; all die Landschaften, die er gemalt habe, seien von den französischen Impressionisten schon hundertfach gemalt worden, und zwar hundertmal besser. Als Shirer widersprach, verkündete Wood: »Ich habe hier tatsächlich etwas gelernt... Das einzige, was ich wirklich kenne, ist meine Heimat – Iowa!« Er wolle dorthin zurückkehren und »diese verdammten Kühe und Scheunen und Scheunenhö-

fe und Kornfelder und kleinen roten Schulhäuser und all diese verhärmten Gesichter« malen. Als sie sich um Mitternacht trennten, hatte Wood eine Entscheidung getroffen, die den Grundstein für seine Karriere als amerikanischer Künstler legen sollte. Das Bild *American Gothic* – als Modelle dienten Grant seine Schwester und sein Zahnarzt –, das bei der Jahresausstellung des Chicago Art Institute 1930 gezeigt wurde, verschaffte seinen Porträts aus dem amerikanischen Alltagsleben landesweiten Ruhm.

Über Begegnungen, Entdeckungen und künstlerisches Wirken im Deux Magots ließen sich Hunderte von Geschichten erzählen. Der englische Dichter Arthur Symons schrieb hier *The Absinthe Drinker*. Simone de Beauvoir arbeitete hier an einem Roman und las Hegel, gibt aber auch zu, unter Schreibblockaden gelitten zu haben: »Ich saß im Deux Magots und starrte auf das weiße Blatt Papier, das vor mir lag. Ich spürte das Bedürfnis zum Schreiben in den Fingerspitzen und den Geschmack der Wörter auf der Zunge, aber ich wußte nicht, wo ich anfangen sollte, oder mit was.« Eine kleine Gruppe von Amerikanern, darunter Malcolm Cowley, Matthew Josephson und Robert Coates, traf sich hier, um ihre kleine Zeitschrift *Sucession* (1922–1924) zu konzipieren. Und Louis Aragon, André Breton und Philippe Soupault formulierten hier in den zwanziger Jahren ihre surrealistischen Manifeste.

Viele wichtige Begegnungen im Deux-Magots sind überliefert. Hier traf Picasso Dora Maar, die wahrscheinlich intelligenteste Frau in seinem Leben. Die

Café les Deux Magots mit der Kirche Saint-Germain-des-Prés, 1957.

Fotografin wurde seine Geliebte und sein Modell, weigerte sich aber, mit ihm zusammenzuleben. Auf der anderen Straßenseite, in einem an die Kirche angrenzenden Garten, steht eine Plastik von ihr. Eugene Jolas machte hier die Amerikaner Hart Crane und Harry Crosby miteinander bekannt. Crosby veröffentlichte in seinem Verlag Black Sun Press, ganz in der Nähe an der Place de Fürstenberg, Cranes *The Bridge*. Gore Vidal traf hier Cristopher Isherwood, und es entwickelte sich eine enge Freundschaft zwischen ihnen; jeder widmete dem anderen ein Buch: Isherwood den Titel *A Single Man* und Vidal sein *Myra Breckinridge*.

Hunderte von Schriftstellern haben in der nächsten Umgebung des Deux Magots gewohnt. Oscar Wilde, der in seinem 46. und letzten Lebensjahr sein Domizil in der Rue des Beaux-Arts hatte, trank hier jeden Morgen einen Kaffee und aß dazu ein Brötchen; außerdem trank er jeden Abend auf der Terrasse einen Absinth (den heute verbotenen Wermut). Djuna Barnes (*Nachtgewächs*) wohnte in den zwanziger Jahren um die Ecke und trank oft hier, ebenso wie Janet Flanner (die aus dem *New Yorker* bekannte Genêt), die im Hôtel St.-Germain-des-Prés lebte. Flanner berichtete von einem Treffen mit ihrem Kollegen Hemingway an einem Tisch in der hintersten Ecke, bei dem sie über die Selbstmorde ihrer Väter sprachen und eine Übereinkunft trafen. Für den Fall, daß einer von ihnen beiden sich das Leben nähme, »sollte der andere nicht trauern, sondern daran denken, daß die Freiheit zu sterben ebenso wichtig sein kann wie die Freiheit zu leben«. Kathryn Hulme (*The Nun's Story*), die im gleichen Hotel in der Rue Bonaparte wohnte wie Flanner und Henry Miller, erzählt, sie habe auf der Terrasse des Deux Magots gelernt, ihren Vermouth-Cassis »in regelmäßigen Abständen mit Selters« zu verdünnen, so daß er »vier Stunden lang« reichte.

❷ **Café de Flore**
172 Boulevard St.-Germain (6ᵉ)
Tel: 45 48 55 26
Öffnungszeiten: 8.00 – 1.30 Uhr
Metro: St.-Germain-des-Prés

»Heute nachmittag sitze ich oben im Flore am Fenster; ich sehe die nasse Straße und die Platanen, die im heftigen Wind schwanken; es sind viele Leute hier, und unten herrscht lautes Stimmengewirr.« So schrieb Simone de Beauvoir in den späten vierziger Jahren an einem der vielen Tage, an denen sie im Flore arbeitete. Teile ihres Buches *Das andere Geschlecht* und Romane wie *Die Mandarins von Paris* entstanden in diesem ehrwürdigen Café. Das Flore öffnete seine Pforten im Jahre 1865 und wurde nach einer kleinen Statue benannt, die einst vor der Tür stand und Flora, die Göttin der Blumen und Mutter des Frühlings, darstellte.

Mit seiner schäbigen Art deco-Einrichtung aus rotgepolsterten Bänken, Mahagoni und Spiegeln wirkt das Café sehr gemütlich. Der Außenbereich wird von cremefarbenen Markisen mit grünen und goldenen Lettern geprägt und natürlich durch seine Lage an der Kreuzung zweier belebter Straßen. Auf der kleinen Rue St.-Benoît herrscht abends, wenn die Restaurants voll sind, reger Fußgängerverkehr; auf dem breiten Boulevard liegt das Flore zwischen einem exzellent sortierten Postkartenladen und einer renommierten Buchhandlung, La Hune, an die sich das Deux Magots anschließt.

Angefangen bei Huysmans und Remy de Gourmont Ende des 19. Jahrhunderts hat fast jeder französische Schrift-steller einige Stunden im Flore verbracht. Jedoch wurde das Café in verschiedenen Epochen mit unterschiedlichen Gruppen identifiziert, von denen wiederum jede einzelne den Charakter des Flore geprägt hat. Eine der ersten wichtigen Gruppen, die im Flore verkehrten, war die politische Rechte. Hier schrieben 1899 die Mitglieder der L'Action Française ihre ersten Manife-

Café Flore, im Vordergrund das Café les Deux Magots.

Jean Paul Sartre im Café Flore mit Simone de Beauvoir, Jean Cau und Michelle Léglise.

ste (die nebenan in der Rue Cassette gedruckt wurden). Der Führer von L'Action Française war Charles Maurras, der in der Rue de Verneuil 60 wohnte. Er gab seinen politischen Memoiren den Titel *Souvenirs de vie politique: Au signe de Flore.*

Im ersten Jahrzehnt unseres Jahrhunderts gründeten Apollinaire und seine Freunde hier die Zeitschrift *Les Soirées de Paris.* Zu der Gruppe, die dann in den zwanziger Jahren die Atmosphäre des Flore bestimmte, gehörten Léon-Paul Fargue, André Breton und seine Surrealistenkollegen und nicht zuletzt Picasso. Nachdem er in sein Atelier in der Rue des Grands-Augustins umgezogen war, das ganz in der Nähe lag, besuchte Picasso zunächst häufig das Deux Magots. 1930 wechselte er ins Flore über, wo er lange politische Diskussionen führte, an denen gelegentlich auch Marc Chagall teilnahm. Am Ende eines solchen Abends pflegten die beiden Künstler im Exil ihre Skizzenbücher auszutauschen, in denen sie gedankenlos gekritzelt hatten. Janet Flanner erzählt, sie habe Picasso nach 1945 jeden Abend am zweiten Tisch vor dem Haupteingang sitzen sehen, wo er eine kleine Flasche Mineralwasser trank und sich mit seinen spanischen Freunden unterhielt.

Ende der dreißiger Jahre gab es im Flore auch eine unauffällige Gruppe, die später zu Ruhm gelangen und eine ganze Generation beeinflussen sollte. Jean-Paul Sartre, der ein paar Häuser weiter im Hôtel La Louisiane (in der Rue de Seine) wohnte, benutzte dieses Café als Arbeitszimmer, da es geheizt war. Die Cafés am Montparnasse besuchte er nicht mehr, weil dort inzwischen zu viele Nazis verkehrten. 1940 sagte er: »Simone de Beauvoir und ich haben uns im Flore mehr oder weniger häuslich niedergelassen.« Dort schrieben sie von neun Uhr morgens bis zum Mittag und dann wieder von vier bis acht Uhr abends. Auf den Marmortischchen standen statt Getränken Tintenfässer. Sie arbeiteten an den Tischen zwischen dem Telefon und der Toilette, »zwischen Entwürfen und fragwürdigen Gerüchen«, wie ein Beobachter es amüsiert ausdrückte. Es »war wie ein Zuhause für uns«, fügte Sartre hinzu. »Wenn der Luftalarm losging, taten wir so, als würden wir gehen, um dann in den ersten Stock hinaufzusteigen und dort weiterzuarbeiten.«

Obgleich sie getrennt lebten, waren Sartre und Beauvoir fast ihr ganzes Erwachsenenleben lang ein Liebespaar und Gefährten in der Philosophie. Sie wärmten sich an einem Ofen des Flore, in dem Sägespäne verbrannt wurden, und entwickelten dabei eine Philosophie, die in Sartres *Das Sein und das Nichts* ihren Niederschlag fand; sie besagt, daß die Materie vor dem Geist ist, daß der Mensch sich selbst aus eigenem Willen einen Geist erschafft und, obgleich Herr seines Schicksals, völlig auf sich allein gestellt ist. Diese Einsamkeit war in einem französischen Café sicher leichter zu ertragen.

Das Flore war auch Anlaufpunkt für den Dichter und Drehbuchautor Jacques Prévert. Der kleine, stets dunkel gekleidete Mann trug einen schwarzen, in den Nacken geschobenen Hut und kritzelte Gedichte auf Speisekarten, Toilettenpapier und Papierservietten.

Die Tränensäcke unter seinen Augen ließen ihn müde und schläfrig aussehen, aber er sah mehr als die meisten anderen. Die satirischen Gedichte, die er an seinem Tisch schrieb, wurden unter dem Titel *Paroles* gesammelt und von Joseph Kosma vertont. Als sich nach dem Krieg Schüler um seinen Tisch zu scharen begannen, ging er nach Südfrankreich. Beauvoir erinnert sich, daß er eine große Anhängerschaft hatte, die »seine Filme und Gedichte verehrten und sich alle Mühe gaben, seine Sprache und seine Gesten nachzuahmen«.

Der Mann, der Aufstieg und Fall eines jeden literarischen Helden mitverfolgte, war Boubal, der Besitzer, der bis zu seinem Tode auf der gegenüberliegenden Straßenseite wohnte. Prévert sagte einmal, daß Boubal vom Bett aus hören konnte, wenn im Flore ein Glas zerbrach. Mit amüsierter Toleranz beobachtete er, wie das »Capri-Set« (die Homosexuellen, die er *mes mignons* nannte) sich vor den Schikanen der Sittenpolizei auf den Champs-Élysées in das Flore flüchtete. Wie alle alteingesessenen Cafés verfügt auch das Flore über eine treue Anhängerschaft; Dutzende von Journalisten, Dichtern, Drehbuchautoren und Anwohnern besuchen es tagtäglich.

❸ **Brasserie Lipp**
151 Boulevard St.-Germain (6ᵉ)
Tel: 45 48 53 91
Öffnungszeiten: 8.00 – 1.00 Uhr
(im August geschlossen)
Metro: St.-Germain-des-Prés
»Ich gehe hierher wie ein Engländer in seinen Club, in der Gewißheit, jeden

Abend einen wirklichen Kameraden zu finden«, schrieb Léon-Paul Fargue, dessen Vater und dessen Onkel die Keramikkacheln, die noch immer den Charakter der Brasserie Lipp bestimmen, entworfen und hergestellt hatten. »Ohne wenigstens einen Abend pro Woche im Lipp verbracht zu haben, wüßte man nicht dreißig Zeilen in einer Pariser Zeitung zu schreiben, ein Bild zu malen oder deutlich seine Meinung auf dem Gebiet der Politik zu bekunden.«

Das Lipp ist eine Brasserie im ursprünglichen Sinne geblieben, wo heute noch elsässisches Bier vom Faß und Würstchen mit Sauerkraut serviert werden. Zu jeder Tages- und Nachtzeit kann man bestellen, obgleich die Speisekarte bei weitem nicht so umfangreich ist wie die des La Coupole, der großen Brasserie am Montparnasse. Neulich saß ich mittags im Lipp neben einem Pariser Paar, das mit Kaviar, Toast und Weißwein dinierte. Wir aßen im vorderen Teil im Erdgeschoß, wo man jeden sehen kann, der hereinkommt.

Hinter der Drehtür des Lipps liegt heute die Welt von 1900 – die echte, nicht die Instant-Belle-Époque, die jetzt überall in Paris aufgegriffen wird. Alte Metallüster werfen ihr Licht auf die hohen, bemalten Decken und die dunklen Holzmöbel. Jahrhundertealte gelbe, blaue und grüne Kacheln, auf denen Papageien, Kraniche und Blumen dargestellt sind, dienen als Hintergrund für die großen Spiegel, die das Lokal geräumiger wirken lassen, als es ist. Diese Einrichtung gibt einem, zusammen mit den ledergepolsterten Bänken, dem *Le Monde*-Verkäufer und den professionel-

Die Brasserie Lipp in den fünfziger Jahren.

len Kellnern in schwarzen Anzügen mit
Fliege und mit Taschen für Trinkgelder
versehenen Westen unter von der Taille
bis zu den Schuhspitzen reichenden
Schürzen die Gewißheit, es mit einer
waschechten Pariser Tradition zu tun zu
haben.

Als Frankreich im Krieg von 1870 das
Elsaß an Deutschland verlor, emigrier-
ten viele Elsässer nach Paris und eröff-
neten Brasserien, darunter das Lipp
und das Florderer (Flo). Léonard Lipp
(Fargue nennt ihn fälschlich Lippman)
benannte seine Brasserie nach einem
berühmten Speiselokal in Straßburg,
der Brasserie des Bords du Rhin (am
Rheinufer). Die Gäste zogen es jedoch
vor, das Lokal nach seinen Eigentümern

zu benennen. Madame Lipp war die Kassiererin, und man sieht heute noch im Erdgeschoß den auffälligen Kassenstand. 1920 kaufte Marcellin Cazes das Lipp; damals hatte es nur acht Tische und zwei Kellner. Er vergrößerte das Lokal nach hinten und ins obere Stockwerk. 1958 wurde Cazes dann für seine Verdienste um den bestgeführten literarischen Salon von Paris zum Mitglied der Ehrenlegion ernannt. Zu dieser Zeit war das Lipp das Lieblingslokal von bekannten Schauspielerinnen, Ministern, Fernsehberühmtheiten, Literaturnobelpreisträgern und Verlegern (Grasset, Gallimard und Hachette haben ihren Sitz in der Nähe).

Marcellins Sohn Roger Cazes, der das Lokal bis zu seinem Tode 1987 führte, pflegte Reportern zu erklären, sein Publikum wechsle im Laufe des Tages: Morgens kämen die Geschäftsleute, nachmittags die Schriftsteller und abends Schauspieler, Politiker und literarische Berühmtheiten. Auf der Terrasse sitzen zu jeder Tageszeit Touristen. Die Besucher, die nach dem Theater hierher kommen, bestellen Austern und Weißwein. Seit inzwischen mehr als zehn Jahren treffen sich jeden Freitagabend um 22.50 Uhr nach den Dreharbeiten für *Apostrophes* – diesen beliebten literarischen Salon im Fernsehen – der Gastgeber Bernard Pivot, die eingeladenen Autoren und das Kamerateam oben neben der Heizung zum Abendessen.

Im Lipp haben verschiedene literarische Köpfe Regie geführt. So haben zu Beginn dieses Jahrhunderts Jean Paulhan und seine *Nouvelle Revue Française*-Gruppe das Lipp zu ihrem Hauptquar-

tier gemacht. Später richtete sich die *Vieux-Colombier*-Theatergruppe, die nur ein paar Straßen weiter ihren Sitz hatte, hier häuslich ein. Und dann war da natürlich noch die Gruppe um Fargue, zu der auch Antoine de Saint-Exupéry gehörte, der Autor und Flieger, dessen Märchen *Der kleine Prinz* oft das erste Buch ist, das im Französischunterricht im Ausland gelesen wird.

Das Lipp ist auch lange Zeit Anlaufpunkt für Politiker gewesen; unter anderem verkehrte hier François Mitterrand, der am linken Seineufer wohnt. Auf halbem Weg zwischen Senat und Nationalversammlung gelegen, blieb das Lipp manchmal bis um vier Uhr morgens geöffnet, wenn die Nationalversammlung bis tief in die Nacht hinein tagte. Nach den Beobachtungen von Waverley Root, dem amerikanischen Journalisten, der kenntnisreich über das Essen und die Weine Frankreichs schrieb, »wurden chez Lipp eine ganze Reihe von Intrigen gesponnen, und es fanden dort eine Menge außerplanmäßiger politischer Aktivitäten statt«.

Obgleich die meisten Leute über die Jahre hinweg das Lipp weniger wegen des Essens als wegen des interessanten Publikums aufgesucht haben, machte Hemingway das Essen durch eine häufig zitierte Passage aus seinen Memoiren *Paris – ein Fest fürs Leben* berühmt. In den zwanziger Jahren stattete er während einer seiner Fastenkuren, denen er sich unterzog, um seine Wahrnehmung zu schärfen (und weil »Hunger eine gute Form der Disziplinierung war«), der Buchhandlung Shakespeare und Company einen Besuch ab; deren Besitzerin, die Amerikanerin Sylvia Beach, bestand darauf, daß er besser auf sich achten und sofort etwas essen gehen sollte.

Er wählte dazu die Brasserie Lipp, wo er sich auf eine Bank setzte, die Wand mit dem Spiegel im Rücken, und Kartoffelsalat und ein großes Glas Bier bestellte – wahrscheinlich den *Sérieux*, einen großen gläsernen Maßkrug:

»Das Bier war sehr kalt und trank sich wunderbar. Die *pommes à l'huile* waren fest und gut mariniert und das Olivenöl köstlich. Ich zermahlte etwas schwarzen Pfeffer über den Kartoffeln und tunkte das Brot in das Olivenöl. Nach dem ersten tiefen Zug Bier trank und aß ich sehr langsam. Als die *pommes à l'huile* alle waren, bestellte ich mir noch eine Portion und eine *cervelas*. Das war eine Wurst, wie eine große, dicke, in Hälften geschnittene Frankfurter, die mit einer vorzüglichen Senfsauce bedeckt war. Ich wischte alles Öl und alles von der Sauce mit Brot auf und trank das Bier langsam, bis es nicht mehr so kalt war; dann trank ich es aus und bestellte ein *demi*…«

Die Spiegel, Mosaiken, Speisen (auch die Würstchen) erwarten Sie auch heute noch bei Ihrem Besuch, aber das Essen ist bei weitem nicht so gut, wie Hemingway es fand.

Die Geschichte des Lipp ist gewürzt mit Erinnerungen an kontroverse politische und literarische Diskussionen. Harold Loeb, der in den zwanziger Jahren die Zeitschrift *Broom* herausgab, berichtet, wie er einen Tag nach der Veröffentlichung von Hemingways *Fiesta* im Lipp gegessen hat. Er fühlte sich erniedrigt und war wütend darüber, daß man ihn als Vorlage für Robert Cohn identifizierte. Hemingway kam durch die Drehtür herein, und als er an Loebs Tisch vorbeiging, zog jeder der beiden Männer, die früher Freunde gewesen waren, »eine Grimasse«. Hemingway ging nach hinten und setzte sich mit dem Rücken zu Loeb, der »beobachtete, wie sich sein Nacken rot verfärbte. Dann ging Hemingway hinaus. Wir sprachen nie wieder miteinander.«

Gene Tunney und Thornton Wilder, der Boxer und der Schriftsteller, tranken zusammen im Lipp, als sich ihnen ein Reporter der *Chicago Tribune* (Pariser Ausgabe) näherte. Zunächst leugneten sie ihre Identität, dann verlangten sie zu wissen: »Warum könnt ihr Kerle uns nie in Ruhe lassen?« Tunney sagte, er sei der Publicity müde. Als man ihm erwiderte, dann solle er eben nicht ins Lipp kommen, »dieses Jagdrevier für Pariser Journalisten«, erkundigte er sich, warum *sie* denn dorthin kämen. »Wegen dem Bier«, lautete die Antwort. Dieses Wort vertrieb augenblicklich den finsteren Ausdruck von seinem Gesicht.

❹ **Le Montana**
28 Rue St-Benoît (6e)
Tel: 45 48 93 08
Öffnungszeiten:
Werktags 12.00–5.00 Uhr,
Wochenende 18.00–6.00 Uhr.
Metro: St.-Germain-des-Prés

Das Le Montana, das 1988 von einer Lokalzeitschrift als beste Bar von Paris gerühmt wurde, ist lange Zeit ein kleines, intimes Lokal in unmittelbarer Nähe des Boulevard St.-Germain gewesen. Es ist gleichzeitig Jazz-Club und Speiselokal (das ein Mittagsmenü für nur 50 Franc anbietet). Darüber befindet sich ein Hotel gleichen Namens, in dem Dutzende von Schriftstellern unseres Jahrhunderts logiert haben.

In der Nachkriegszeit pflegte Sartre vor seinen Anhängern und den Touristen aus dem Sélect in diese Bar zu flüchten. Beauvoir sagt, daß sie oft mit verschiedenen Freunden »in diese rauchende kleine rote Hölle des Montana« gingen, um einen Drink zu nehmen. Die Filmemacher Godard, Resnais, Truffaut und Vian diskutierten in dieser Bar über die Philosophie des Films.

❺ La Palette
43 Rue de Seine (6ᵉ)
Tel: 43 26 68 15
Öffnungszeiten: 8.00–1.00 Uhr
(Sonntags und im August
geschlossen)
Metro: Mabillon

Das Palette wird jedes Jahr von einer Lokalzeitschrift zum »besten Café unter freiem Himmel« von Paris gekürt, aufgrund seiner Atmosphäre, der Umgebung, des »Biers, der Nähe zur Les Beaux-Arts und der zuverlässig unfreundlichen Bedienung«. Weil die L'École des Beaux-Arts gleich um die Ecke liegt, ist dieses Café seit 1900 von jedem Künstler, ob hochberühmt oder unbekannt, besucht worden, der jemals versucht hat, in Paris zu Ruhm zu gelangen.

Anfang des Jahrhunderts tranken der Dramatiker Alfred Jarry und die Dichter Apollinaire und André Salmon hier ihren Absinth und führten lange Gespräche über Literatur und Ästhetik. Sie gründeten eine kleine Zeitschrift und sollten den Surrealismus entschei-

dend beeinflussen. Später wohnten die Schriftsteller Cyril Connolly, Henry Miller und Jacques Prévert in der gleichen Straße im Hôtel La Louisiane (Rue Seine Nr. 60) und richteten sich im La Palette häuslich ein. Sartre und Beauvoir (die ebenfalls im La Louisiane lebten) und ihre Freunde aßen während des Algerienkriegs im Jahre 1950 oft hier und unterhielten sich dabei über politische Fragen. Beauvoir erinnert sich an einen Dreikönigstag, an dem sie hier über einen Freund sprachen, der versucht hatte, sich das Leben zu nehmen. Während sie die Unterschiede zwischen Tranquilizern und Antidepressiva diskutierten, wurde sie sich ganz plötzlich ihres Alters bewußt: »Nun, das war's dann wohl, wir sind jetzt auf der anderen Seite, wir sind alt.« Dieses Wissen hängt wie eine dunkle Wolke über dem zweiten Band ihrer Memoiren.

Das La Palette ist vielleicht das schönstgelegene Straßencafé von ganz Paris. Im Nordosten von St.-Germain-des-Prés sitzt das Café in der Ecke eines von Bäumen umgebenen Platzes, genauer gesagt, an der Mündung einer kurzen, schmalen Allee (der Rue Jacques-Callot) mit breiten Bürgersteigen. Auf der Terrasse unter den Bäumen ist genug Platz, um sich hier an einem schönen Tag niederzulassen. Es herrscht gerade genug Fußgänger-, Fahrrad- und Autoverkehr, um keine Langeweile aufkommen zu lassen, und doch sorgt die Tatsache, daß die Straße schmal und alt ist, dafür, daß man sich in Ruhe entspannen und schreiben kann.

Unmittelbar hinter der Tür befindet sich eine lange Bar, über der an der

Wand farbverschmierte Paletten hängen. In diesem und dem dahintergelegenen Raum gibt es hinter der Bar alte Spiegel, und die Wände sind in häßlichen Farben gestrichen, tragen die Patina der Jahre und lassen einen nach einem *Café crème* dürsten, dessen Farbe irgendwie zur Farbe der Wände in Beziehung steht. Dies war sicherlich das Vorbild für den Szenenaufbau in Alan Rudolphs Film *The Moderns* aus dem Jahre 1988.

In diesem Viertel der Kunstschulen, Galerien und Ateliers haben seit Jahrhunderten Schriftsteller und Künstler gelebt. An dem Haus Rue de la Seine Nr. 26 ist die Reklametafel eines Cabarets aus dem 17. Jahrhundert beachtenswert; interessant ist außerdem das Gebäude Nr. 57, wo sich 1902 Picasso und ein Freund mit dem Schlafen abgelöst haben, weil sie nur ein Bett hatten, und das Hôtel La Louisiane (Nr. 60). Gleich neben dem Palette lag die surrealistische Galerie (Rue Jacques-Callot Nr. 16), in der der amerikanische Künstler Man Ray seine erste Dada-Ausstellung hatte; außerdem Nancy Cunards Haus und die Hours Press, wo sie von 1929 bis 1932 verlegt wurde (Rue Guénégaud Nr. 15); die Rue Mazarine, wo in Nr. 19 der französische

Vorbereitung einer Tarte Tartin im Café La Palette.

35

Dichter Robert Desnos ein Jahrzehnt lang lebte; die Rue Christine, in der Stein und Toklas in Nr. 5 wohnten; und die Rue des Grands-Augustins, wo Picasso in der Nr. 7 sein *Guernica* malte. Westlich der Rue de Seine liegen drei historische Straßen: die Rue des Beaux-Arts, in deren Nr. 13 das Hotel zu finden ist, wo Oscar Wilde im Jahre 1900 starb und sich Thomas Wolfe in den Jahren 1926/27 einige Monate aufhielt; die Rue Visconti, wo in Nr. 17 Balzac lebte und eine erfolglose Druckerei führte und Racine in der Nr. 24 wohnte; und die Rue Jacob, die durch Natalie Barney berühmt wurde, die von 1909 bis 1973 in der Nr. 20 wohnte.

❻ Le Petit Saint-Benoît
4 Rue St.-Benoît (6ᵉ)
Tel: 42 60 27 92
Öffnungszeiten: Montag bis Freitag, 12.00–14.30 Uhr und 19.00–22.00 Uhr
Metro: St.-Germain-des-Prés
Das Le Petit St.-Benoît (das von 1860 bis 1900 Le Petit Le Varet hieß) hat hier seit 130 Jahren Mahlzeiten für Anwohner und die literarischen Gäste der Dutzenden von Hotels in der Umgebung zubereitet (auch die Toiletten sehen so aus, als seien sie über hundert Jahre alt!). Das Lokal hat Tradition, und deshalb essen auch Leute hier, die sich Besseres leisten könnten. Kathryn Hulme erinnert sich an ein Menü für fünf Franc in den dreißiger Jahren, dessen Grundlage das bildete, was »in Les Halles gerade am billigsten war«. Marguerite Duras lebte während des Zweiten Weltkriegs direkt gegenüber und empfing hier wahre Heerscharen von

Schriftstellern, darunter auch François Mitterrand, mit denen sie ihre Arbeit in der Résistance diskutierte. Nach dem Krieg dinierte hier Maria Jolas mit ihrer Joyce-Gruppe (sie und ihr Mann Eugène hatten James Joyces *Work in Progress*, das spätere *Finnegans Wake*, vor dem Krieg in ihrer Zeitschrift *transition* veröffentlicht). Bei einem Essen hier kurz nach der Bombardierung von Hiroshima kündigte Albert Camus Simone de Beauvoir an, er werde sich, um einen Atomkrieg zu verhindern, »an alle Wissenschaftler der Welt wenden, mit der Bitte, ihre Forschungsarbeit zu beenden«. Als sie einwandte, das schiene ihr »ein bißchen utopisch«, brauste er auf. An der Wand sind große, numerierte Schubladen zu sehen, in denen die Servietten der Stammkunden aufbewahrt wurden. Die täglich handgeschriebene und kopierte Speisekarte bietet ausschließlich preiswerte Gerichte à la carte; Reservierungen werden nicht entgegengenommen. Unter Umständen muß man seinen Tisch teilen; die Bestellungen werden auf der Papierdecke notiert. Das Petit St.-Benoît ist ein typisches Bistro, anders als das L'Assiette au Beurre an der Ecke mit seinem Instant-1900-Look, das erst in den siebziger Jahren eröffnete.

❼ Bar Du Pont-Royal
7 Rue de Montalembert
Tel: 45 44 38 27
Öffnungszeiten: 12.00–24.00 Uhr (Sonntags und im August geschlossen)
Metro: Rue du Bac
Was das Algonquin in der 44. Straße von New York City für amerikanische

Simone de Beauvoir, Jean Cau (Mitte), Jean Genet und Sartre in der Bar du Pont-Royale.

Schriftsteller war, ist die Bar des Pont-Royal für französische Autoren. Hier im Keller des Hôtel Pont-Royal, das die Rue du Bac entlang auf die Seine blickt, befindet sich die kleine Bar, in der die Autoren von Editions Gallimard, dem größten Verlag für französische Literatur gleich nebenan in der Rue Sébastien-Bottin, sich geschäftlich und privat auf einen Drink treffen. Seit Jahrzehnten haben die Autoren und Verleger von Gallimard (Editions Nouvelle Revue Française, eine monatlich erscheinende Zeitschrift gleichen Namens, und Bibliothèque de la Pléïade) hier den Literaturbetrieb angekurbelt. Gallimard, gegründet von Jean Schlumberger, Gaston Gallimard und André Gide, hat unter anderem Proust, Aragon, Simenon, Celine, Cocteau, Gide, Beauvoir, Sartre, Camus und Dutzende anderer Autoren verlegt; außerdem spielte dieser Verlag eine Pionierrolle bei der

Übersetzung und Einführung englischer Literatur – von Conrad bis Faulkner. Verleger und Autor verlegen ihre Besprechungen oft aus der »Hütte« – die so genannt wird, weil die Büros so klein sind – in die Bar.

Die heruntergekommene Bar des Pont-Royal, zu der man eine gewundene Treppe hinabsteigt, erinnert an einen Schiffssalon. Auffällig ist die Wandtäfelung, auf der der Erlaß des Königs zur Grundsteinlegung für die nahegelegene Pont-Royal (Königliche Brücke) wiedergegeben ist. Rotgepolsterte Bänke und alte Möbel schaffen eine ebenso schäbige wie gemütliche Atmosphäre. Grund für die beständige Beliebtheit dieser Bar ist die Ungestörtheit, die sie ihren berühmten Gästen bietet.

In ihren Memoiren *Der Lauf der Dinge* (1963), die voller Hinweise auf Drinks im Pont-Royal sind, erinnert sich Beauvoir, sowohl mit Camus als auch mit

Sartre – mit ihm unzählige Male – in der Brasserie Lipp auf dem Boulevard St.-Germain gegessen und dann bis zur Sperrstunde hier im Pont-Royal getrunken zu haben. Sie und Sartre begegneten hier einmal Arthur Koestler (*Sonnenfinsternis*). Er kam an ihren Tisch und sagte einfach: »Hallo, ich bin Koestler.« Während er Platz nahm, soll er – so Beauvoir – Sartre gegenüber geäußert haben: »Sie sind ein besserer Romancier als ich, aber ich bin der bessere Philosoph.« Beauvoir fand ihn »eitel«, aber »warmherzig«, und die drei verbrachten während Koestlers Parisaufenthalt viel Zeit zusammen.

Direkt neben dem Pont-Royal liegt das Hôtel Montalembert; die Decameron-Bar fängt die Überzahl an Literaten aus dem Pont-Royal auf, obgleich ihr dessen unterirdische Intimität fehlt. Einen Häuserblock weiter, dem Gallimard-Verlag gegenüber liegt das Hôtel Lenox (Rue de l'Université Nr. 9), in dem T. S. Eliot im Jahre 1910 lebte; er war damals zweiundzwanzig Jahre alt und besuchte Vorlesungen am Collège de France. Auch die Familie von James Joyce lebte hier, als sie 1920 nach Paris kam. Und sie wohnte wieder im Lenox, als Joyce an seinem 40. Geburtstag, dem 2. Februar 1922, von seiner Verlegerin Sylvia Beach sein erstes Exemplar des *Ulysses* überreicht wurde.

❽ Restaurant des Beaux-Arts
11 Rue Bonaparte (6ᵉ)
Tel: 43 26 92 64
Öffnungszeiten: 12.00–14.30 Uhr
und 19.00–22.30 Uhr
Metro: St.-Germain-des-Prés

Wegen seiner Lage gegenüber der Kunstschule, nach der sowohl das Lokal wie auch die Seitenstraße benannt wurden, haben hier viele Generationen von Künstlern gegessen und getrunken; heute sind die meisten Gäste Studenten. Das Restaurant ist fast unverändert geblieben. Hinter der kleinen geschwungenen Theke dieses Bistros drängen sich Studenten und Angestellte der nahen Galerien und Ateliers an Tischen unter bunt angestrichenen Wänden und Wandmalereien. Es gibt drei kleine Räume, von denen zwei im Erdgeschoß liegen und einer im ersten Stock. Ein Menü wird bereits für 48 Francs serviert, Dessert und Wein inbegriffen. Für fünf Francs Aufpreis bekommt man sogar noch einen Kaffee. Das ist in allen Sprachen ein günstiges Angebot. Bemerkenswert ist die Brotschneidevorrichtung, wo unzählige Messer ihre Spuren hinterlassen haben. Bis zu Oscar Wildes Hotel sind es lediglich ein paar Schritte die Rue des Beaux-Arts hinunter (halten Sie nach dem Widderkopf Ausschau), und die Seine liegt nur einen Häuserblock weit entfernt.

Blick vom Boulevard du Montparnasse auf den Boulevard Raspail, 1903/04.

Die Cafés
am Montparnasse

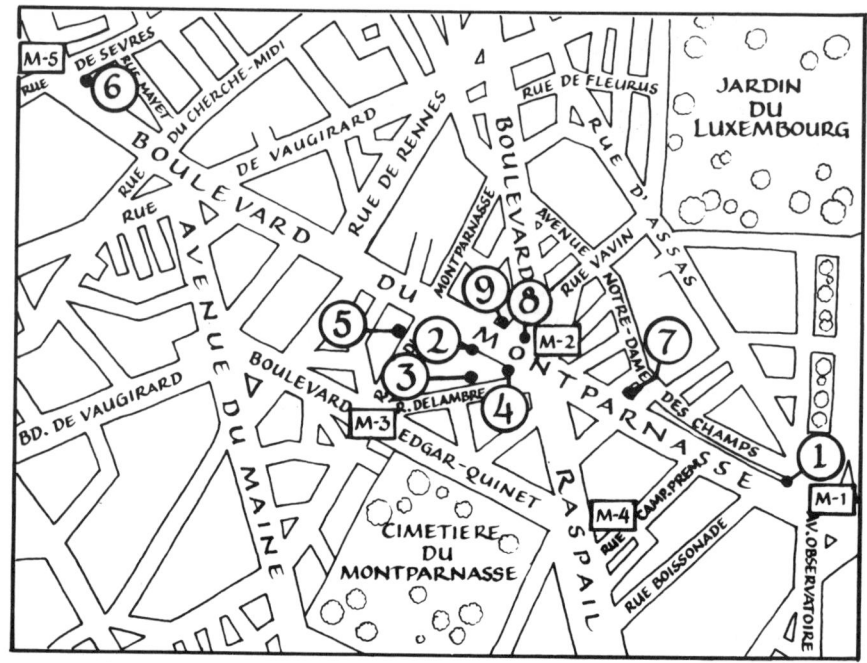

Montparnasse

1 La Closerie des Lilas
2 La Coupole
3 Dingo Bar
4 Café du Dôme
5 Falstaff
6 Café François Coppée
7 Le Jockey
8 La Rotonde
9 Le Sélect

Metrostationen:
M-1 Port-Royal
M-2 Vavin
M-3 Edgar Quinet
M-4 Raspail
M-5 Duroc

Einst lag Montparnasse am Stadtrand von Paris, und es gab dort mehr Klöster als Cafés. Der Name des Viertels geht auf einen Steinbruch zurück, den die Universitätsstudenten Mons Parnassus, Berg der Musen, nannten. Zwar verschwand der Steinbruch schon im siebzehnten Jahrhundert, der Name jedoch blieb.

Ursprünglich lebten und arbeiteten die Künstler hauptsächlich nördlich der Seine am Montmartre, bis sie irgendwann im Lauf des 19. Jahrhunderts den Fluß in Richtung Beaux-Arts und Notre-Dame-des-Champs überquerten und sich in den billigen Ateliers des 14. Arrondissements niederließen. Infolgedessen schossen hier Cafés und Cabarets förmlich aus dem Boden, Can-Can und Polka kamen auf diesem Wege nach Paris. Zu Beginn des 20. Jahrhunderts brachten Picasso und seine Künstlerfreunde die moderne Kunst vom Montmartre zum Montparnasse, das Dôme und das Sélect wurden zum Mittelpunkt ihres gesellschaftlichen Lebens. Noch bevor Ende 1927 das La Coupole seine Türen öffnete, war das Gebiet zwischen dem Jardin du Luxembourg und dem Friedhof von Montparnasse zu einem der gesellschaftlichen und literarischen Zentren Europas geworden, zu einem internationalen Knotenpunkt der Kunst hauptsächlich der »jüngeren Degeneration«, wie ein Kritiker spitz bemerkte. Ein Franzose nannte den Montparnasse einmal »Spielplatz für ... junge Yankees«. Nach dem Zweiten Weltkrieg wurde es in dem Viertel sehr ruhig, doch zu Beginn der sechziger Jahre ging es hier wieder so lebhaft zu wie eh und je.

❶ La Closerie des Lilas

171 Boulevard du Montparnasse (6e)
Tel: 43 26 70 50
Öffnungszeiten: 12.00–1.00 Uhr
Metro: Port-Royal

Das Closerie des Lilas (Spanischer Flieder) wurde im 17. Jahrhundert als Landgasthaus eröffnet. Hier machten die Postkutschen auf dem Weg von Paris nach Fontainebleau und Orléans zum erstenmal halt. Von Anfang an zählten bedeutende Dichter und Künstler zu den Gästen. Noch vor der Amerikanisierung des Montparnasse in den zwanziger Jahren, als Hemingway hier *The Big Two-Hearted River* schrieb und *Fiesta* überarbeitete, labten sich bereits die Symbolisten, die Dadaisten und Surrealisten in diesem Café; später kehrten dann Samuel Beckett und viele junge französische Autoren hier ein.

Messingschildchen mit den Namen der berühmtesten Stammgäste sind in die Tischplatten eingelassen. Im 19. Jahrhundert machten es Schriftsteller wie Baudelaire, Verlaine, Maeterlinck, Alfred Jarry und Paul Fort ebenso wie viele Maler zu ihrem Stammcafé. Denn die Académie de la Grande Chaumière, eine Kunstschule, lag ganz in der Nähe, Whistler hatte sein Atelier in der Rue Notre-Dame-des-Champs und Cézanne in der Rue de Chevreuse.

Viele Anekdoten ranken sich um Paul Fort, den von einem Journalisten so genannten »Dichterprinzen«, der im ersten Jahrzehnt des zwanzigsten Jahrhunderts jeden Dienstagnachmittag im oberen Stockwerk des Cafés andere Schriftsteller um sich scharte. Von Kopf bis Fuß in Schwarz gekleidet, saß der gutaussehende Fort auf einer gepolsterten Bank, während Dichter ihre Werke rezitierten und darüber diskutierten. In der von Fort zwischen 1905 und 1914 herausgegebenen Zeitschrift *Vers et Prose* nahm er sowohl führende Symbolisten auf als auch Gide, Apollinaire, Romains und Duhamel, die er so dem französischen Lesepublikum entdecken half. Seine eigenen *Ballades Françaises* schrieb Fort allerdings in Prosa, nicht in Gedichtform.

Nach dem Ersten Weltkrieg erkoren sich die Dadaisten und die Surrealisten diesen Ort zu ihrem Zuhause und hielten hier sogar einmal ein Gipfeltreffen ab, um über die ideologische Klarheit verschiedener Teilnehmer zu entscheiden. Das Treffen endete im Chaos. Jede Generation von Schriftstellern entdeckt das Closerie für sich neu, und im Lauf der Zeit erlebte das Café sowohl äußer-

liche wie auch substantielle Veränderungen. In *Paris – ein Fest fürs Leben* erinnert sich Hemingway an seinen Protest nach der Renovierung im Jahr 1923, als die Kellner ihre Schnurrbärte abrasieren mußten, weil man sich davon besser betuchte Gäste erhoffte.

Kurz bevor Hemingway hier aufkreuzte, verbrachte James Joyce einmal einen interessanten Abend in diesem Café. Anfang Februar 1921 trank er hier zusammen mit einem irischen Landsmann und erläuterte diesem dabei die »größere Tiefe und Ernsthaftigkeit« der englischen Sprache, indem er Passagen aus der Bibel in Französisch und in Englisch zitierte. Er beharrte darauf, daß »*Young man, I say unto thee, arise* (Junger Mann, ich sage dir, steh auf)« wesentlich ausdrucksstärker sei als »*Jeune homme, je te dis, lève-toi*«. Joyce sprudelte an

Das Café La Closerie des Lilas, Ende der Zwanziger Jahre.

diesem Abend geradezu über vor Redseligkeit und Begeisterung, denn Sylvia Beach hatte nur wenige Stunden zuvor eingewilligt, seinen Roman *Ulysses* zu verlegen, an dem er sieben Jahre lang gearbeitet hatte.

Einige Jahre später wurde an diesen Tischen wieder einmal die Bibel zitiert. John Dos Passos, der später einmal die Trilogie *USA* schreiben sollte, erinnert sich daran, wie er hier zusammen mit Hemingway Wermut mit Cassis trank und sie sich gegenseitig aus dem Alten Testament vorlasen. »Das Lied der Deborah und die Bücher der Könige waren unsere Lieblingsstellen.« Er habe Hemingway empfohlen, sich mit seinem Satzbau am Telegrammstil des Journalisten wie auch an der Sprache von Jakobus zu orientieren, wenn er als erster Amerikaner wegen seines Stils in die Geschichte eingehen wolle.

Das Closerie war sozusagen auch Hemingways Eckkneipe, als er nach seiner Trennung von seiner ersten Frau Hadley von 1924 an bis zum Sommer 1926 in der Rue Notre-Dame-des-Champs 113 wohnte (das Gebäude, in dem er damals lebte, steht heute nicht mehr). Liebevoll erwähnt Hemingway in den Erinnerungen seiner Pariser Jahre *Paris – ein Fest fürs Leben* das Café (»mein Zuhause«) und die Statue des Marschall Ney (»mein alter Freund«). Er schrieb hier am Vormittag zahlreiche Geschichten, während er sich einen *café crème* gönnte und dabei gelegentlich von dem englischen Schriftsteller Ford Madox Ford oder dem ausgebürgerten amerikanischen Dichter Ezra Pound gestört wurde, die in der gleichen Straße wie er wohnten (Nummer 84 und Num-

mer 70). Auch mit F. Scott Fitzgerald, Archibald MacLeish und einem Dutzend anderer amerikanischer Schriftsteller, die später ihre Memoiren damit schmückten, verbrachte Hemingway hier etliche Stunden.

Das Closerie des Lilas hat eine Caféterrasse im Freien (teuer), zum Montparnasse hin gelegen ein Brasserie/Café, außerdem noch eine Bar und ein Restaurant auf die Notre-Dame-des-Champs hinaus, letzteres sowohl drinnen wie auch im Freien unter einem einziehbaren Dach. Wenn Sie abends an der Bar einen Drink nehmen wollen, suchen Sie sich einen Platz in der Mitte, wo das Messingschild mit der Gravur »E. Hemingway« eingelassen ist, oder an einem Holztisch, wo Sie die Namensschildchen berühmter französischer Stammgäste finden werden. Allerdings kann ich Ihnen *Le pavé de rumsteak au poivre Hemingway* nur dann empfehlen, wenn Sie hoffnungslos romantisch sind. Eine Menükarte wird geschmückt mit einem Zitat von Apollinaire, die andere mit einem Ausspruch von Hemingway, denn auch wenn die derzeitigen Eigentümer vielleicht nichts von der großen literaturgeschichtlichen Bedeutung dieses Cafés verstehen mögen, so verstehen sie doch eine Menge vom Geschäft. Die Sträucher, die tief heruntergezogene Markise und die diskreten Neonschilder mit fliederfarbener Aufschrift verheißen Ungestörtheit und Exklusivität – jahrhunderteweit von der ursprünglichen Stimmung des Gartens entfernt, wo man im Mondlicht ausgelassen tanzen konnte.

Sie werden in Dutzenden von Romanen der Stammgäste Szenen finden, die im

Closerie des Lilas spielen, unter andergem in Hemingways *Fiesta* und in Thomas Wolfes *Von Zeit und Strom*.

❷ La Coupole
102 Boulevard du Montparnasse
(14e), Tel: 43 20 14 20
Öffnungszeiten:
Täglich 8.00–2.00 Uhr
Metro: Vavin

Léon-Paul Fargue erklärte, das La Coupole sei eine der »Akademien des Trottoirs«, die Schriftstellern und Malern »das Bohemeleben, die Verachtung des Bürgers, den Humor und die Saufographie« lehrten. Hier, im geographischen Zentrum von Montparnasse, lernte beinahe jeder amerikanische Schriftsteller seine Lektion. Auch Robert McAlmon, dessen Werk im Gegensatz zu seiner in zahllosen Memoiren fortlebenden Trinkfestigkeit nahezu vergessen ist, betrank sich häufig hier. Einer seiner Kumpane erzählte, daß er in einer halben Stunde sechs Whiskys, scheinbar »ohne jede Wirkung«, zu sich nehmen konnte. McAlmons Contact Publishing Company gab 1923 Hemingways erstes Buch *Three Stories & Ten Poems* heraus. Trotzdem blieben die beiden Männer einander weiterhin feindselig gesinnt. Als Hemingway eines Abends an McAlmons Tisch aufkreuzte, beleidigten sie sich gegenseitig: »Ist das nicht Ernest, der sagenhafte Hochstapler! Was macht denn das leere Geschwätz?« spottete McAlmon. »Und wie geht's dem nordamerikanischen McAlmon, diesem unfertigen Gedicht?« Bei diesen Worten beugte sich Hemingway vor und gab McAlmon einen Stoß in die Rippen, während er mit breitem Grinsen seinen »Bieratem« quer über den Tisch pustete.

Das La Coupole öffnete seine Pforten am 20. Dezember 1927 an einem Platz, der jahrelang als Holz- und Kohlenlager gedient hatte. Diese Brasserie blieb bis 1988 von allen literarischen Stätten des Montparnasse am unverändertsten bestehen. Dann kaufte die von Jean-Paul Bucher geführte Flo-Gruppe (ihr gehören auch das Julien, das Bœuf sur le Toit, das Flo und andere Brasserien) das zweistöckige Gebäude sowie die beiden im Osten und im Westen angrenzenden Grundstücke auf. Die Gemälde (von denen viele bereits seit langem verschwunden waren) wurden eingelagert, ebenso die Pfeiler aus dem Lokalinneren und andere dekorative Stücke von historischem Interesse, dann riß man das Haus nieder, um ein höheres, rentableres Gebäude zu errichten – alles unter dem Deckmantel der »Restaurierung« des La Coupole. Gleich zu Beginn der Arbeiten installierten sie direkt daneben ein Büro für Öffentlichkeitsarbeit, das die Neugierigen informieren und die Empörten beschwichtigen sollte.

1927 als Brasserie eröffnet, bot das La Coupole den gleichen Vorteil wie das Lipp in St.-Germain-des-Prés: Man konnte hier, ganz in der Nähe von beliebten und belebten Orten, wo man zum Trinken hinging, etwas essen (das Sélect und das Rotonde befinden sich gleich gegenüber, das Dôme nur ein paar Schritte weiter die Straße hinauf). Doch das La Coupole bot noch mehr: eine Caféterrasse, einen riesigen Raum, wo man den ganzen Tag über speisen

Das hell erleuchtete Café La Coupole. Links der Eingang zur Coupole Bar, dem beliebten Treffpunkt von Künstlern.

konnte, und einen weiteren großen Raum im Keller, wo ab halb fünf Uhr nachmittags zum Tanz gebeten wurde. Das Erdgeschoß wirkte bis 1988 wie ein eleganter Wartesaal in einer großen Bahnhofshalle; seine hohen, von großen, viereckigen Pfeilern gestützten Decken waren mit farbenfrohen Szenen aus dem Caféleben bemalt. Ursprünglich bildete eine Schwingtür den linken Vordereingang, durch den man die Bar betrat. Oben gab es eine Dachterrasse auf den Boulevard hinaus, die später allerdings überdacht und für Bankette und Empfänge genutzt wurde (das runde Dach erklärt den Namen des Lokals). Im Erdgeschoß wurden die alten Marmortische auf schmiedeeisernen Beinen durch Holzmöbel ersetzt. 1985 servierten die Bedienungen etwa 1400 Mahlzeiten pro Tag, unter anderem 2000 Austern.

Kein Wunder also, daß dieser großzügige und geräumige Ort Ende der wilden zwanziger Jahre fast eine Art Mensa war. In Memoiren und Biographien findet sich eine Fülle von Hinweisen auf Partys und Begegnungen im La Coupole. Die amerikanische Romanschriftstellerin Kay Boyle kam eines Abends im Winter 1928 zusammen mit McAlmon hierher und lernte Lawrence Vail kennen, den »König der Boheme«, den sie schon im folgenden Jahr heiratete. (Vail leitete jahrzehntelang ein Zentrum für Kunst und Begegnung in Paris.) Im gleichen Jahr traf hier der französische Dichter Louis Aragon zum erstenmal die französische Schriftstellerin Elsa Triolet, woraus sich die literarische Romanze des Jahrzehnts entwickelte.

In *Wendekreis des Krebses* beschreibt Henry Miller, wie er eines Tages, kurz nachdem er seine Frau verlassen hatte, vor dem La Coupole sitzt und »an dem Ehering herumfingert«, den er »bei einem *garçon* im Dôme zu versetzen versucht hatte«. Der Ober hatte ihm nur sechs Francs geboten, was Miller empörte, »aber schließlich gewann der Bauch die Oberhand«. Der Hunger und das Herumhuren in Paris sind zentrale Themen in diesem Buch. Wann immer er es sich leisten konnte, trank Miller hier mit seinen Freunden, zu denen auch Lawrence Durrell zählte, der gerade an *Schwarze Chronik* arbeitete, einem von moralischer Dekadenz triefenden Werk. Durrell, der später einmal für *Alexandria-Quartett* großen Ruhm einheimsen sollte, beklagte, daß er es sich nicht leisten könne, dort zu essen: »Wie jeder andere auch, betrank ich mich im La Coupole, als ich das erstemal in Paris landete. Von der Terrasse aus sah ich alle meine Helden vorübergehen – ich war jung... Anaïs Nin, Miller, [Alfred] Perlès und ich waren so was wie die Drei Musketiere des La Coupole. Wir spielten dort zusammen Schach. Man könnte auch sagen, daß Perlès hier fast schlief... Was Anaïs anbelangt, sie zankte sich an der Bar mit ihren Liebhabern und ihren Verlegern. Sie machte sich wirklich was aus Männern, aber auf allen vieren; wenn möglich sollten es Psychiater sein, und wenn möglich sollten sie weinen.«

Die Franzosen hingegen waren in diesen Jahren tief in politische Auseinandersetzungen verstrickt. Führend bei diesen Debatten war Ilja Ehrenburg, der sich ebenfalls im La Coupole herumtrieb und dabei satirische Romane schrieb oder für die *Iswestija* arbeitete. Er führte den Vorsitz über die kommu-

nistische Ecke des Cafés und war am Montparnasse sehr präsent, wo er, wie ein Kritiker bemerkte, »genügend Muse hatte, eine tragbare und gefügige Sowjetunion mit Sitz in einem Paris zu konstruieren, das er sich ebenfalls für seine Zwecke zurechtgebogen hatte«.

Nahezu jeder französische oder vorübergehend in Paris lebende ausländische Schriftsteller eines jeden Jahrzehnts wurde ab und zu im La Coupole gesehen. Hier meditierte Samuel Bekkett. Françoise Sagan aß hier häufig zu Mittag, nachdem sie 1954 (im Alter von gerade eben zwanzig Jahren) *Bonjour Tristesse* geschrieben hatte. Auch Gabriel García Márquez, der große lateinamerikanische Schriftsteller im Exil (*Hundert Jahre Einsamkeit*), hat oft hier gespeist.

❸ Dingo Bar (Auberge du Centre) 10 Rue Delambre (14ᵉ)
Tel: 43 35 43 09
Öffnungszeiten: 12.30–14.30 Uhr und 20.00–24.00 Uhr (sonntags und im August geschlossen)
Metro: Vavin oder Edgar Quinet

Als dieses Etablissement in den zwanziger Jahren den Namen Dingo (von: dingue – verrückt) erhielt, zählte es zu den beliebtesten Treffpunkten. Hier in der Bar direkt am Eingang trafen sich Hemingway und Fitzgerald; und Picasso nahm hier mit Jean Cocteau, dem französischen Dichter, der sich auch mit vielen anderen Kunstformen versuchte, manchen Drink. Die Fassade ist heute noch dieselbe, lediglich eine Tür fehlt; wahrscheinlich wurde sie zugemauert, um mehr Tische aufstellen zu können.

Heute ist dieser Ort ein Restaurant, aber Sie können auch weiterhin an der Bar etwas trinken.

Die Legende erzählt, daß zwei englische Ladys in den zwanziger Jahren mit einem Taxi nach Montparnasse gefahren sind, um das berühmte Nachtleben zu erkunden. Als der Wagen vor dem Dingo hielt, soll gerade Florence Martin, eine Amerikanerin aus dem Folies Bergère und Stammkundin in sämtlichen Bars von Montparnasse, herausgekommen sein und einen Schwall von Obszönitäten ausgestoßen haben. Die beiden Damen sahen sich an, und eine von ihnen sagte: »*This must be the place*

Auf der Terrasse der Dingo Bar, 1925. Jimmie Charters (Mitte vorne), Kiki (rechts vorne).

(Hier muß es sein)!« Als Jimmy Charters, der berühmte englische Barkeeper des Dingo, seine Memoiren herausgab, wählte er diesen Satz als Titel. *This Must Be the Place* erschien 1937; Morrill Cody, ein Stammgast, hatte als Ghostwriter fungiert, die Einleitung stammt aus der Feder von Hemingway.

Ende April 1925 saß Hemingway hier zusammen mit einer englischen Dame und zwei weiteren Dauergästen in den Kneipen dieses Viertels, Duff Twysden und Pat Guthrie, einem Schotten, der Hemingway als Vorlage zu Brett Ashley und Mike Campbell in *Fiesta* diente. Hemingway zeigte großes Interesse an der hochgewachsenen, gertenschlanken englischen Dame mit dem sehr kurzen Blondschopf, zumindest wesentlich mehr als an dem elegant gekleideten Amerikaner, der an den Tisch trat, um sich vorzustellen. Fitzgerald war damals achtundzwanzig Jahre alt, drei Jahre älter als Hemingway, und ein erfolgreicher Romanschriftsteller. Der nachlässig gekleidete, stämmige Jüngere hatte zwar bereits eine kleine Sammlung von Kurzgeschichten veröffentlicht, aber noch keinen Roman. Fitzgerald bestellte Champagner und lobte Hemingways Arbeiten, was diesen einen kurzen Moment in Verlegenheit brachte, bevor er begeistert die Rolle des Überlegenen zu spielen begann. Wie Matthew Broccoli in seinem kleinen Bändchen *Scott and Ernest* belegt, brauchte Fitzgerald jemanden, den er bewundern konnte, und Hemingway war auf Schmeicheleien geradezu versessen. Eine Beziehung gegenseitigen Angewiesenseins wurde besiegelt, als Scott infolge übermäßigen Champagnergenusses aschfahl wurde

und beinahe in Ohnmacht fiel. Hemingway, der sich selbst rühmte, seinen Alkoholkonsum stets unter Kontrolle zu haben, erschrak. Jimmy ließ ein Taxi für Fitzgerald rufen.

Nachdem 1924, vier Jahre nach seiner Eröffnung, ein Amerikaner das Dingo kaufte, wurde dort Corned Beef mit Krautsalat, fritiertes Hähnchen und »echte amerikanische Suppe« serviert. Allerdings scheinen die Personen in Hemingways *Fiesta* und Harold Loebs *The Professors Like Vodka* im Dingo ausschließlich Alkohol zu sich zu nehmen. Heute ist die Auberge du Centre vor allem ein Restaurant, in dem Menüs um die 100 Franc (ohne Wein) angeboten werden (die eingelegte Ente ist wirklich gut, die Kartoffeltorte eine echte Spezialität). Die herzhafte Küche von Monsieur und Madame Pierre Berthier hat ihren Ursprung in Zentralfrankreich (St.-Pourçain-sur-Sioule). Die beiden haben achtzehn Jahre lang über ihrem Restaurant gewohnt und sind mit seiner Geschichte bestens vertraut. Sie organisieren Foto- und Gesprächstermine an der Bar mit Jack Hemingway, dem Sohn von Ernest, oder Scottie Fitzgerald Smith, Scotts Tochter.

In den zwanziger Jahren wohnten und arbeiteten viele amerikanische Schriftsteller, Maler und andere Künstler in dieser Straße, wie Isadora Duncan, Harold Stearns, Man Ray, Jane Heap, John Glassco, Robert McAlmon, Mina Loy, Samuel Putnam und Jo Davidson. Edward Titus führte in Hausnummer 4 die Black Manikin Press, wo 1929 D. H. Lawrences *Lady Chatterley und ihr Liebhaber* erschien.

Wenn Sie die kleine Delambre Square

Das Café du Dôme in den Zwanziger Jahren.

entlanggehen und dann den Boulevard Edgar Quinet zum Friedhof hin überqueren, fragen Sie dort im Büro nach dem »Index Sommaire de Célébrités«; mit seiner Hilfe können Sie die Grabstätten von Tristan Tzara, Baudelaire, Dreyfus und Maupassant ausfindig machen. Auf diesem Friedhof liegen die sterblichen Überreste vieler Menschen, die in diesem Viertel gelebt und es mit ihrer Persönlichkeit beeinflußt haben, wie Sartre und Beauvoir, der Verleger Larousse, der Philosoph Edgar Quinet (nach dem der Boulevard benannt ist), die Philanthropin Madame Boucicaut (sie war mit dem Gründer des Kaufhauses Bon Marché in der Rue de Sèvres verheiratet), der Bildhauer Rude, der die Statue des Marschall Ney neben dem Closerie des Lilas geschaffen hat, und der Meister der Literaturkritik, Sainte-Beuve.

❹ Café du Dôme
108 Boulevard du Montparnasse (14ᵉ), Tel: 43 35 25 81
Öffnungszeiten: 10.00–2.00 Uhr, das Restaurant öffnet um 12.45 Uhr, (montags geschlossen)
Metro: Vavin oder Raspail
Was im Oktober 1897 als Trinkhalle neben einem bescheidenen kleinen Café begann, wurde im Lauf der Jahre zu einem häufig renovierten Lokal. Während des Ersten Weltkriegs zählten Lenin, Trotzki, Picasso und der litauische Maler Chaim Soutine zu den Stammgästen. In den zwanziger Jahren schlossen sich dann Amerikaner und Schweden den russischen und spanischen Exilanten an und machten diesen Ort zum größten Billigausschank am linken Seine-Ufer. Nebenbei war das Café auch inoffizielle Wohnungsbörse, Darlehenskasse, Sammelpunkt vor Partys, ein Ort,

wo sich Zeitschriftenherausgeber nach Mitarbeitern umsahen (und umgekehrt) und ein Zoo für Touristen auf der Suche nach Prominenten. Es dehnte sich die Straße hinunter aus, und man bekam dort später auch Cornflakes und ein Frühstück. An den Tischen des Dôme wurden Karrieren geschmiedet und zerstört, und ein überheblicher Sinclair Lewis, der stolz wie ein Pfau über den Erfolg seines Buchs *Hauptstraße* herumstolzierte, wurde gemaßregelt: »Setzen Sie sich. Sie sind schließlich nichts weiter als ein Bestseller-Autor!«

Nach einer Angabe aus *The Paris Tribune* gab es 1929 nicht weniger als fünfzig Bücher in fünfzehn Sprachen, in denen das Café du Dôme geschildert wurde. Und diese Zahl vervielfachte sich seitdem noch, wobei zwei Bücher eine besondere Rolle spielen, in denen das Paris der zwanziger Jahre wohl am anschaulichsten beschrieben ist: *Fiesta* und *Wendekreis des Krebses*, in dem Henry Miller ein surrealistisches Porträt des Montparnasse zur frühen Morgenstunde wiedergibt:

»In dem Blau einer elektrischen Morgendämmerung sehen die Erdnußschalen farblos und verschrumpft aus. Dem Gestade des Montparnasse entlang beugen und brechen sich die Wasserrosen. Wenn Ebbe ist und nur ein paar syphilitische Nixen im Schlamm gestrandet zurückbleiben, sieht das Dôme wie eine von einem Wirbelwind heimgesuchte Schießbude aus. Alles verrinnt langsam im Abzugskanal. Etwa eine Stunde lang herrscht Totenstille, während der das Erbrochene aufgewischt wird. Plötzlich beginnen die Bäume zu zwit-

Im Café du Dôme, von links nach rechts: Wilhelm Uhde, Walter Bondy, Rudolf Levy und Pascin, der, wie immer, zeichnet.

Holländische Künstler auf der Terrasse des Café du Dôme. Stehend mit Hut: Lodewijk Schelfhout (links) und Franz Nölken (rechts). Im Hintergrund: Walter Bondy (rechts). Im Vordergrund sitzend: Walter Halvorsen (rechts).

schern. Von einem Ende des Boulevards zum anderen erhebt sich ein Wahnsinnsgesang. Es ist wie das Zeichen, das den Börsenschluß ankündigt. Was für Hoffnungen es auch gab, sie werden weggefegt. Der Augenblick ist gekommen, die letzte Blase voll Urin auszuleeren. Der Tag kommt geschlichen wie ein Aussätziger...« (*Wendekreis des Krebses*)

Als Sartre und Beauvoir in den dreißiger Jahren außerhalb von Paris unterrichteten, machten sie das Dôme zu ihrem Pariser Stützpunkt. Und als Sartre am 2. September 1939 Paris verließ, um zur Armee zu gehen, geschah das um die Morgenstunde, die Miller oben beschreibt. Sie wurden, nach Beauvoir, um drei Uhr morgens vom Wecker aus dem Schlaf gerissen und gingen dann in der milden Nachtluft hinunter zum Dôme, an »zwei Flittchen vorbei«, die dort auf der Terrasse saßen und ihre Arme um zwei Offiziere geschlungen hatten. Sie betraten das lärmende und überfüllte Café, um einen Kaffee zu trinken, bevor sie ein Taxi zum Bahnhof nahmen.

Mit seiner letzten Renovierung 1986 avancierte das Dôme zu einem der besten Fischrestaurants auf der linken Uferseite; in einem Laden um die Ecke wird auch frischer Fisch zum Kauf angeboten. Die Bouillabaisse für zwei Personen allein ist schon ein komplettes Essen. Das Innere des Cafés wurde von Slavik (der auch die elegantesten Pariser Boutiquen entworfen hat) mit dunklem Holz, Spiegeln und Messing gestaltet, und weiches Licht fließt durch pfirsichfarbene Gaze. An der rechten Seite hängen Messingtafeln mit den Namen ehemaliger Gäste unter jeweils mehreren ihrer Bilder: Braque, Derain, Zadkine, Kisling, Foujita, Modigliani und andere berühmte Maler aus der ersten Hälfte unseres Jahrhunderts sind da zu sehen. Im Restaurant verstreut finden sich außerdem noch Porträts berühmter Schriftsteller und anderer Prominenter, die das Café häufig besucht haben – wie Sartre, Beauvoir und Beckett.

❺ Falstaff
42 Rue du Montparnasse (14ᵉ)
Tel: 43 35 38 29
Öffnungszeiten: 19.00–23.30 Uhr
(im Juli geschlossen)
Metro: Edgar Quinet
Direkt neben dem Boulevard gibt es eine englische Bar, die wie das Dingo von jenen bevorzugt wurde, die die hellen, großen und lebhaften Cafés am Boulevard lieber mieden. Ende der zwanziger Jahre bildeten die spießige Eichentäfelung, die gepolsterten Stühle, die riesige kupferne Bierzapfsäule und die englische Atmosphäre einen deutlichen Kontrast zu dem lockeren Umgangston des Barkeepers, Jimmy Charters. Und erst Jimmy machte das Falstaff nach seinem Weggang aus dem Dingo zu einem bei Amerika-

nern und Engländern äußerst beliebten Lokal.

Morley Callaghan, einer der besten kanadischen Kurzgeschichtenschreiber, kehrte hier ein, zusammen mit Hemingway, Fitzgerald und McAlmon. Callaghan erinnert sich, nach Boxkämpfen mit Hemingway hierhergekommen zu sein, um sich mit Jimmy, einem früheren englischen Berufsboxer, zu unterhalten. Ein anderer Kanadier, John Glassco, saß 1928 gerade im Falstaff, als die Fahnen von Djuna Barnes' *Ladies' Almanach* herumgereicht wurden. Er beschreibt das als eine ziemlich düstere Szene, obwohl das Buch die lesbische Liebe im 17. und 18. Jahrhundert preist und Barnes für ihre Figuren Anleihen bei einer ganzen Reihe zeitgenössischer Lesbierinnen des Viertels genommen hatte. Sie war eine trinkfeste Amerikanerin irischer Herkunft, die viele für eine ernsthafte und vielversprechende Schriftstellerin hielten. Insbesondere *Nachtgewächs* hatte zu ihrem im Lauf der Jahre gewachsenen Ruhm beigetragen. Auch etliche französische Schriftsteller erwähnen, im Falstaff gegessen zu haben. So lud Jean-Paul Sartre 1956 vor der Premiere seines Stücks *Die Eingeschlossenen* die Truppe ins obere Stockwerk zu einem Abendessen ein, bevor er nach Irland flog, um dort mit John Huston über das Filmdrehbuch zu sprechen. Verbittert über dessen Aufforderung, Streichungen vorzunehmen, betrank er sich, obwohl er sich später fügte. Als das Stück aufgeführt wurde, stimmten die Kritiker darin überein, daß es sein bestes war.
In dieser kleinen Straße, die vom Boulevard aus jeweils nur einen Häuserblock

weit reicht, gibt es mehrere wichtige Adressen; so haben hier in Nummer 11 Sainte-Beuve, der französische Schriftsteller und Literaturkritiker, und in Nummer 13 und 17 der Verleger Larousse gewohnt.

❻ Café François Coppée
1 Boulevard du Montparnasse (6ᵉ)
Tel: 4734 72 70
**Öffnungszeiten: 7.00–21.00 Uhr
(Sonntags und im August
geschlossen)**
Metro: Duroc
Der Boulevard du Montparnasse wird von diesem Café in Hausnummer 1 und dem Closerie des Lilas in Nummer 171 regelrecht eingerahmt. Dazwischen liegen das Dôme, das Rotonde, das La Coupole, das Sélect, das Falstaff, das Dingo, das Jockey und andere, weniger bekannte Lokale. Unsere Aufmerksamkeit verdient dieses lebendige, doch schlichte Café zweier französischer Dichter wegen, die in enger Beziehung zu ihm standen.
Einer von ihnen ist François Coppée, der Ende des 19. Jahrhunderts feinsinnige und sentimentale Verse schrieb und ein anhänglicher Freund dieses Cafés war, das damals noch Café des Vosges hieß. Er wohnte nur ein paar Häuserblocks weit entfernt in der Rue Oudinot und traf sich am Abend hier mit seinen Kameraden. Wie viele andere auch hatte er hier seinen eigenen Tisch, um den sich die Gäste scharten, weil er ein guter Erzähler war. Nach seinem Tod benannte der Eigentümer das Café nach seinem treuen Stammgast um. Zuerst wurde es längere Zeit scherzhaft

»des Vosges et de François Coppée« genannt, bis sich schließlich die Bezeichnung Le François Coppée durchsetzte. 1934 wurde das Café am gleichen Standort wiedereröffnet, nachdem das zuvor zerstörte Gebäude wieder aufgebaut worden war.
In seinen letzten Lebensjahren lebte Léon-Paul Fargue im Dachgeschoß des neuen Gebäudes (beachten Sie die Tafel), wo er 1947 im Alter von 71 Jahren starb. Fargue war ein ergebener Freund von Marie Monnier und deren Schwester Adrienne, der Eigentümerin des La Maison des Amis des Livres in der Rue de l'Odéon. In seiner Jugend stand er in dem Ruf, Freunde mitten in der Nacht aufzusuchen während der nächtlichen Streifzüge, die er so liebte und in seinen Dichtungen beschrieb. Er hegte sein Leben lang eine Vorliebe für belebte Cafés, insbesondere für das François Coppée, wo er von Tisch zu Tisch, von Freund zu Freund, von Unterhaltung zu Unterhaltung schlendern konnte. Manch ein Buch und manch ein Gedicht entstanden aufgrund der Diskussionen an seinem Tisch. Ja, es kam durchaus vor, daß er redete und ein Freund seine Worte mitschrieb. Brannte die Sonne vom Himmel, so saß er unter der Markise und malte sich aus, in Deauville zu sein, einem Erholungsort an der Küste der Normandie. Da er während des Zweiten Weltkriegs einen Schlaganfall erlitt (von dem er sich später wieder erholte) und damals keine Fahrstühle in Betrieb waren, mietete er sich zwei starke Männer, die ihn mit Hilfe von Seilen und einem Flaschenzug auf einem Stuhl sitzend im Lastenaufzug hinauf- und hinunterhievten.

Unten angekommen, ging er in das gut besuchte Café, wo er gelegentlich auch ein oder zwei Stunden an seinem Tisch schlief – was er »ein Nickerchen machen« nannte.

Die Terrasse des Coppée liegt am Ende des Boulevard du Montparnasse an der Kreuzung des Boulevard des Invalides und der Rue de Sèvres. Wie auch im Deux Magots und im Dôme hat man vom Coppée aus einen guten Blick auf eine belebte Kreuzung nur wenige Schritte von einer Metrostation entfernt. Bei nasser oder kühler Witterung schützt die Verglasung der Freifläche den Gast, der seinen Blick nicht nur über eine Straßenkreuzung schweifen lassen kann, sondern gleich drei Stadtteile auf einmal präsentiert bekommt: Hier treffen das alte sechste Arrondissement mit dem Quartier Latin, das elegante siebte mit dem Eiffelturm und dem Dôme des Invalides (die Grabstätte Napoleons) und – auf der anderen Seite des Boulevards – das fünfte Arrondissement, in dem viele Maler und Bildhauer ihre Ateliers hatten, aufeinander. Parallel zur Rue de Sèvres verläuft die Rue du Cherche-Midi, die für ihre hervorragenden Restaurants und die Poilâne-Bäckerei (in Nummer 8) berühmt ist. Wenn Sie dem Rodin-Museum einen

Vor Hilers Jockey Club, in den dreißiger Jahren. Sitzend: Tristan Tzara (links), Jean Cocteau (rechts). Stehend: Man Ray (links), Hilaire Hiler (zweiter von links) und Ezra Pound (Mitte).

Kiki schreibt über das Café Jockey: »Hier trinkt jedermann viel und ist glücklich ... alle Theater- und Kinostars, die Schriftsteller und Maler.«

Besuch abstatten wollen, folgen Sie einfach dem Boulevard des Invalides bis zur Rue de Varenne.

❼ Le Jockey
127 Boulevard du Montparnasse (6ᵉ), Tel: 43 20 63 02
Öffnungszeiten: 9.00–2.00 Uhr
Metro: Vavin

Das augenblickliche Jockey hat lediglich den Namen und den zweiten Standort mit dem berühmten Club und Cabaret der zwanziger Jahre gemein. Zu Beginn – von März 1921 bis November 1923 – war der Club ein literarisches und künstlerisches Cabaret und unter dem Namen Académie du Caméléon in

Hausnummer 146 (an der Ecke Rue Campagne Première) zu finden. Von dem neuen Eigentümer »Jockey« Miller bekam das Etablissement dann den neuen Namen, bevor Hilaire Hiler, ein amerikanischer Maler, der auch oft am Klavier saß, das Lokal übernahm. Kiki, Mannequin und Geliebte vieler Männer, sang zu seinem Spiel sentimentale Liebeslieder und ließ den Hut herumgehen. Später zog das Cabaret auf die gegenüberliegende Straßenseite an die Ecke der Rue du Chevreuse und setzte dort sein Programm offenbar bis zum Zweiten Weltkrieg fort. Das heutige Le Jockey hingegen ist ein Restaurant, das erst kürzlich an dieser Stelle eröffnet wurde.

Das Jockey der zwanziger Jahre war – auf der einen wie auch auf der anderen Straßenseite – drinnen und draußen über die ganze Höhe des einstöckigen Gebäudes mit großen Figuren bemalt. Alte Fotos zeigen neben dem Eingang (beider Gebäude) das Bild eines Indianers auf einem gescheckten Pferd. Hemingway nannte diesen Ort einmal den besten Nachtclub, »den es je gab«; die Menschen drängten sich drinnen wie die Ölsardinen um eine winzige Bühne. Cocteau, Duchamp und Louis Aragon zählten hier zu den Stammkunden. Der Barkeeper war ein Indianer, der mit der Buffalo Bill's Wild West Show nach Paris gekommen war, die im Frühling 1905 die Herzen der Pariser im Sturm erobert hatte. Mit anzüglichen Gesten sang Kiki hier ihre Lieder und entblößte dabei ihre weißen Schenkel, die einen scharfen Kontrast zu ihrem tiefschwarzen Haar und dem ebenso schwarzen Kleid bildeten. Sie hat eine unbekannte Zahl von ungestümen Jünglingen in die Liebe eingeführt, lebte aber auch jahrelang mit dem amerikanischen Surrealisten Man Ray zusammen.

⑧ La Rotonde
105 Boulevard du Montparnasse
(6ᵉ), Tel: 43 26 68 84
Öffnungszeiten: 8.00–2.00 Uhr
Metro: Vavin
Der Überlieferung nach war der allgemeine Wechsel der Künstlerszene vom Rotonde zum Dôme darauf zurückzuführen, daß der Geschäftsführer des Rotonde sich eines Tages weigerte, eine junge Dame zu bedienen, die ohne Hut(!) auf der Caféterrasse saß und eine

Zigarette rauchte. Sie überquerte trotzig den Boulevard, und der Geschäftsführer des Dôme entschied mit seiner Nachsicht die Dinge zu seinen Gunsten. Ob die Episode nun wahr ist oder nicht, auf jeden Fall berichten viele Stammgäste der zwanziger Jahre, darunter Malcolm Cowley und Peggy Guggenheim, wie sie und ihre Freunde die im Rotonde herrschende Intoleranz beklagten und sich mit dem Besitzer stritten. Am Jahrestag des Sturms auf die Bastille im Jahre 1923 saßen Louis Aragon, Lawrence Vail und Malcolm Cowley im Dôme und unterhielten sich über die Grobheit des Rotonde-Besitzers; dabei erwogen sie die Möglichkeit, daß er der Polizeispitzel sein könnte, der mehrere Anarchisten verraten hatte. Sie überquerten die Straße und stellten lauthals Forderungen; schließlich holte Cowley aus und versetzte dem *patron* einen Kinnhaken – ein Treffer, der Cowley in der Geschichte des Dadaismus Unsterblichkeit verlieh. Allerdings führte dieser Zwischenfall dazu, daß er mitten auf der Straße verhaftet werden sollte, kaum daß er mit den anderen aus dem Rotonde geflüchtet war. Seine Freunde behaupteten dann aber steif und fest, daß er gar nicht in dem Café gewesen sei, und so konnte er gerade noch rechtzeitig auf einem Schiff nach Hause entkommen. Sein *Exile's Return* ist eine der präzisesten Analysen der zwanziger Jahre.
In dem Café, das 1911 eröffnete – drei Jahre, nachdem Simone de Beauvoir hier in einem der oberen Stockwerke das Licht der Welt erblickt hatte –, wurden allerdings auch ernsthaftere Revolutionäre bedient als die ungezoge-

nen Dadaisten. In jenen Tagen, da Paris der Zufluchtsort der russischen Konspirateure alter Schule war, zog das Café auch Lenin, Trotzki und andere in Paris im Exil lebende Revolutionäre in seinen Bann. Später wurde es der liebste Aufenthaltsort einer internationalen Gruppe von Malern, zu denen Picasso, Derain, Vlaminck, Salmon, Max Jacob, Modigliani und Kisling zählten. 1923 oder 1924 vergrößerte sich das Rotonde durch die Übernahme des Café du Parnasse in Hausnummer 103 und gewann mit einem Grillroom, einer Caféterrasse, einem Tanzsaal im Obergeschoß und einem Nachtclub auch die Angehörigen des Mittelstands als Kunden. Und so fühlten sich einige der Alteingesessenen hier bald nicht mehr zu Hause, wie

der Cowley-Zwischenfall eindrucksvoll beweist. Als Hemingway im Dezember 1921 als Korrespondent des *Toronto Star Weekly* zum erstenmal nach Paris kam, kritisierte er noch den »Abschaum« mit seiner »nachlässigen Individualität« im Rotonde. Schon bald darauf pflegte er ebenfalls mit langen Haaren und in schäbigen Klamotten herumzuziehen, und als er *Fiesta* schrieb, zählte er bereits zu den Stammgästen hier. Sein Jake Barness sagt: »Ganz gleich, welches Café am Montparnasse man dem Taxichauffeur auch immer nennt, er fährt einen zum La Rotonde.« »So ein heimlicher Dichter, so ein Maler, der in Bukarest oder in Sevilla Erfolg haben will«, meinte Fargue, »... muß notwendigerweise... ein wenig Militärdienst

Das Café de La Rotonde in den Zwanziger Jahren.

im La Rotonde oder im La Coupole abgeleistet haben.«

Ende der fünfziger Jahre wurde das Rotonde teilweise (die Hausnummer 103) von einem Kino übernommen; in dem als Café erhalten gebliebenen Teil sticht einem die rotplüschige und heute so beliebte Aufmachung der Jahrhundertwende ins Auge. Trotzdem wird sich dieses Café schon allein aufgrund seiner Lage weiterhin großer Beliebtheit erfreuen, denn nirgendwo – auch nicht im Dôme oder im La Coupole – kann man mehr Sonne erhaschen als auf der lichtüberfluteten Terrasse des Rotonde, die sich von der Metrostation Vavin bis hin zur Balzac-Statue von Rodin am Boulevard Raspail erstreckt.

❾ Le Sélect
99 Boulevard du Montparnasse (6ᵉ)
Tel: 45 48 38 24
Öffnungszeiten: 8.00–3.00 Uhr
Metro: Vavin

Das Café Le Sélect öffnete 1925 und war von Anfang an sehr beliebt; es war das erste Lokal am Montparnasse, das durchgehend geöffnet hatte, so daß sich dort im Morgengrauen die Nachtschwärmer des Viertels trafen. Vor allem auch durch die Schachpartien, die dort von den weißrussischen Flüchtlingen gespielt wurden, gelangte es zu großer Berühmtheit; wie diese Gruppe überhaupt viel Farbigkeit in das Leben am Montparnasse zwischen den Weltkriegen brachte. Das Sélect ist bis heute ein gemütliches Café geblieben und sieht im wesentlichen noch immer so

Halb drei Uhr nachts auf der Terrasse des Café de La Rotonde, 12. August 1916: Ortiz de Zarate, Jacob, Kisling, Pâquerette, Vassilieff und Picasso. Foto von Jean Cocteau (von links nach rechts).

Das Café Le Select in den Zwanziger Jahren.

aus wie damals, mit bräunlichen Wänden, roten Polsterbänken und hinten einem Oberlicht aus Glasbausteinen für die meisterhaften Schachspieler. Der Kaffee an der Bar ist verhältnismäßig preiswert. Bisher hat man hier der grassierenden Art deco-Mode und dem heute so aktuellen Jugendstil widerstanden, anders als im La Rotonde, wo man der grellroten Versuchung aus Plüsch erlag, oder im Dôme, wo alles in einen zarten Pfirsichton getaucht wurde. Hier ist alles noch bodenständig und unverfälscht. Außerdem serviert man eins der besten Sandwiches des ganzen Viertels, das Croque Sélect.

Der bekannteste Stammgast des Sélect in seinen Anfängen war Harold Stearns, der Prototyp eines »Verlorenen« seiner Generation. Als Stearns 1921 von Massachusetts (über Greenwich Village) nach Paris kam, war er ein anerkannter

Schriftsteller und Sozialkritiker, bevor er hier so gut wie hinter der Flasche verschwand. Hemingway und andere trafen ihn häufig unrasiert in einer Bar an, wo er einen Stapel Untertassen vor sich hatte und trank. In *Fiesta* ist er der Harvey Stone, dem Jake – wie Hemingway es im wirklichen Leben tat – etwas Geld fürs Essen zusteckt. Stearns verbrachte seine Tage trinkend in Cafés oder auf der Rennbahn, von wo aus er, um sich über Wasser zu halten, als »Peter Pickem« für die Pariser Ausgabe der *Chicago Tribune* berichtete. Auch in Kay Boyles Roman *Monday Night* taucht er auf, als Wiltshire Tobin. Stearns wohnte direkt um die Ecke, in der Rue Vavin Nr. 50, im gleichen Hotel, in dem auch Louise Bryant wohnte und starb. Bryant war die Witwe von John Reed (ihre Geschichte ist in *Reds* verfilmt) und vorher mit William Bullitt, dem USamerikanischen Botschafter in Frankreich, verheiratet.

Im Sélect hatte die amerikanische Tänzerin Isadora Duncan eines Abends eine heftige Auseinandersetzung mit Floyd Gibbons, einem Kriegsberichterstatter der *Chicago Tribune*, der in Château-Thierry ein Auge verloren hatte und seitdem eine schwarze Augenklappe trug. Es ging um den Fall Sacco und Vanzetti. Gibbons behauptete, daß den beiden italienischen Anarchisten ein »fairer Prozeß« gemacht worden sei. Duncan brauste auf und hielt Gibbons, den Worten eines Beobachters nach, eine gewaltige »Standpauke«. Schon bald gab es Unterstützer für beide Seiten, und es wurden nicht mehr nur Worte gewechselt, sondern auch Gläser geschmissen. Die Polizei schritt ein, aber Duncan wollte sich partout nicht beruhigen, denn Sacco und Vanzetti sollten an eben diesem Abend in Boston hingerichtet werden. Es begann zu regnen, doch nichtsdestotrotz marschierte Duncan mit ihren Anhängern den Boulevard Raspail entlang und drei Kilometer weiter bis zur amerikanischen Botschaft auf der anderen Seite der Seine. Dort hielt sie vor den verschlossenen Toren, umgeben von einem großen Polizeiaufgebot mit Stahlhelmen, mit einer brennenden Kerze in der Hand den Rest der Nacht im kalten Nieselregen eine Mahnwache. Gegen Morgen kam ein amerikanischer Journalist zu ihr und informierte sie, daß die Hinrichtung aufgeschoben worden war. »Gott sei Dank!« seufzte sie und ging still weg. Als Sacco und Vanzetti später dann tatsächlich hingerichtet wurden, gab es überall in Paris großen Aufruhr; die Franzosen sammelten sich und stürmten massenhaft in die von Amerikanern besuchten Cafés, um zu protestieren.

Der berühmteste Kampf im Sélect wurde allerdings von dem Trunkenbold Hart Crane entfesselt. Nach einer widerwärtigen Auseinandersetzung zuerst mit dem Kellner, dann mit Madame Sélect selbst, die für randalierende Amerikaner nichts übrig hatte, wurde Crane mit Hilfe der Polizei auf die Straße gesetzt. Als er gegen die Polizisten ausholte, schlugen diese ihn bewußtlos und brachten ihn ins Gefängnis, wo er eine Woche lang eingesperrt blieb. Maria Jolas hörte von seiner Inhaftierung und informierte Harry und Caresse Crosby, die in ihrem Verlag Black Sun Press seinen Roman *The Bridge* herausgeben wollten. Die Crosbys, Kay Boyle und Lawrence Vail sammelten für Cranes Freilassung, und schon kurz darauf, am 18. Juli 1929, befand sich Crane auf einem Schiff nach Hause. Im darauffolgenden Jahr erschien *The Bridge*, nachdem sich Harry Crosby nur wenige Wochen zuvor in New York das Leben genommen hatte. Auch Crane setzte seinem Leben selbst ein Ende; kaum drei Jahre später sprang er auf dem Weg von Mexiko nach New York vom Heck des Dampfschiffes.

Das Café Voltaire am Place de l'Odéon, um 1910.

Die Cafés
des Quartier Latin

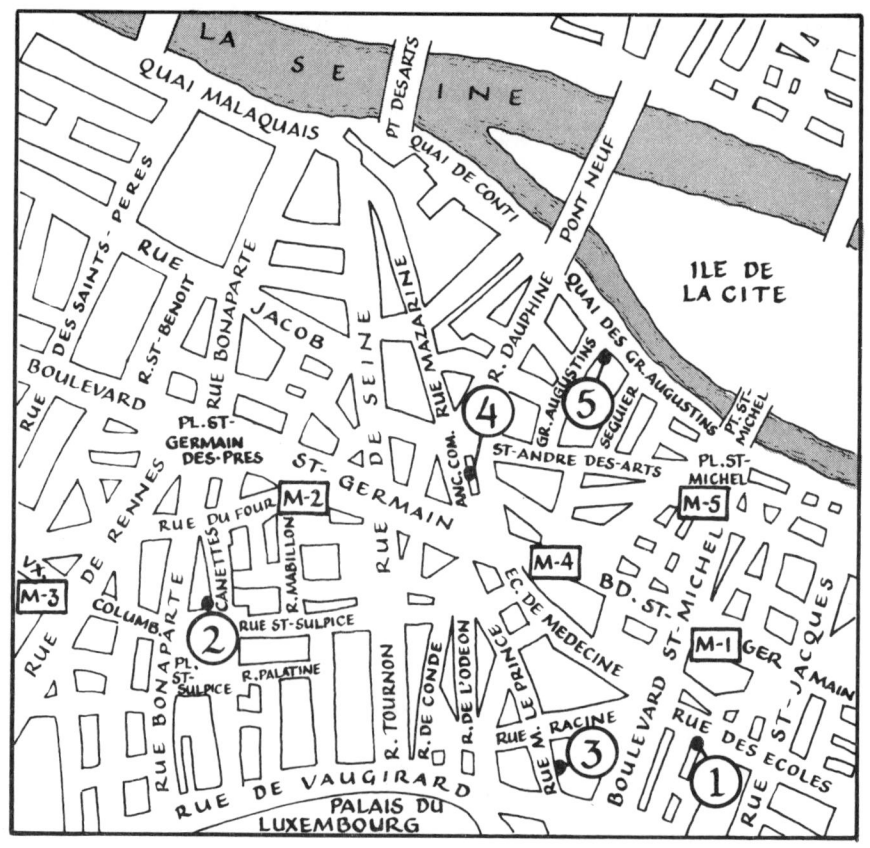

Das Quartier Latin

1 Brasserie Balzar
2 Café de la Mairie
3 Crémerie Restaurant Polidor
4 Le Procope
5 Lapérouse

Metrostationen:
M-1 Cluny
M-2 Mabillon
M-3 St.-Sulpice
M-4 Odéon
M-5 St.-Michel

Zu den fünf im folgenden beschriebenen Cafés, die alle in der Umgebung des Carrefour de l'Odéon liegen, gehört auch das älteste Café von Paris, das 1686 gegründete Le Procope. Vor ein oder zwei Jahrhunderten gab es in dieser Gegend noch viele andere ehrwürdige und einflußreiche literarische Cafés, angefangen beim Foyot an der Kreuzung der Rue de Vaugirard und der östlichen Rue de Tournon bis hin zum La Pomme-de-Pin (Zum Kiefernzapfen) an der Place de la Contrescarpe. Dieses Café wurde von Rabelais beschrieben, und kurz nach 1550 gründeten hier sieben Dichter die Pléïade-Gesellschaft, um durchzusetzen, daß mehr in Französisch geschrieben werde als in Latein. Bis 1956 gab es an der Place de l'Odéon das Café Voltaire, das Mitte des 18. Jahrhunderts die Enzyklopädisten (Rousseau, Voltaire, Diderot) beheimatete, im 19. Jahrhundert Rodin, Verlaine, Mallarmé und Gauguin und dann Valéry, Gide und später Sartre sowie die Herausgeber des um die Ecke gelegenen Verlages Mercure de France. Die von den Symbolisten bevorzugten Lokale Café d'Harcourt und Café François Premier sind schon längst vom Boulevard Saint-Michel verschwunden, ebenso wie die Taverne du Panthéon, wo sich der Jerry in André Gides *Die Falschmünzer* bei einem »Abendessen der Argonauten« erschießt.

Glücklicherweise haben sich drei der alten Café-Restaurants bis heute halten können: das Le Procope, gegründet Mitte des 17. Jahrhunderts ebenso wie das Polidor und das Lapérouse aus der Mitte des 18. Jahrhunderts. Am stärksten hat sich das Le Procope verändert; es wird heute vor allem von Touristen besucht; am wenigsten das Polidor, wo immer noch Studenten an langen Tischen verköstigt werden.

❶ Brasserie Balzar
49 Rue des Ecoles (5ᵉ)
Tel: 43 54 25 73
Öffnungszeiten: 8.00 – 1.00 Uhr
Metro: Cluny
Diese 1890 eröffnete elsässische Brasserie gehört neben der Brasserie Lipp zu den besten Brasserien links der Seine. Viele Menschen ziehen das Essen im Balzar dem Essen im Lipp vor. Warren Trabant, ein ausgebürgerter Amerikaner in Paris und Gourmetkritiker, empfiehlt in seiner Feinschmecker-Kolumne die Schweinefüßchen »Sainte-Menehould«. Zu Beginn der dreißiger Jahre führte Lipp einige Jahre lang dieses Café. Da es in der Nähe der Sorbonne gelegen ist, prägt die Universität von Paris das Erscheinungsbild. Immer schon haben hier Theaterleute, Schriftsteller, Theaterautoren und vor allem Professoren gegessen.

In seinem Buch *20th Century Journey* beschreibt der Journalist William L. Shirer seinen Weg von der Rue La Fayette am rechten Seineufer zu dieser Brasserie im Jahre 1925. Es war mitten in der Nacht nach seinem ersten Arbeitstag bei der *Chicago Tribune*. Mit seinen Mitarbeitern Eugène Jolas, Elliot Paul und James Thurber ging er zuerst hinunter zu den Halles, dann über den Place du Châtelet, quer durch die Ile de la Cité bis zu der hell erleuchteten Brasserie Balzar, wo sie »ein paar Bier kippten und einen Teller Sauerkraut mit Würstchen verschlangen«, bevor sie nach Hause und zu Bett gingen. Neben ihnen nahm »eine Gruppe Professoren ihren Schlaftrunk«, und an einem anderen Tisch saß der ehemalige Premierminister Edouard Herriot. Shirer, Paul und Thurber machten das Balzar zu ihrem Stammlokal, weil die meisten von ihnen in der Nähe wohnten. Elliot Paul lebte in der Rue de la Juchette, die er in *The Last Time I Saw Paris* und *Springtime in Paris* verewigte.

Von der Brasserie Balzar aus kann man die Sorbonne, gleich rechts um die Ekke, besuchen oder das Musée de Cluny, indem man die Straße überquert und um die Ecke biegt.

❷ Café de la Mairie
8 Place St.-Sulpice (6ᵉ)
Tel: 43 26 67 82
Öffnungszeiten:
8.00 – 1.00 oder 2.00 Uhr
Metro: Mabillon oder St.-Sulpice
Seit Mitte der zwanziger Jahre ist dieses Café bei Schriftstellern sehr beliebt gewesen; der von Anatole France innig geliebte Platz, an dem es liegt, ist wie geschaffen für einsame Stunden, liegt er doch gut versteckt vor dem geschäftigen St.-Germain-des-Prés. Hemingway beschreibt den Brunnen an dem »stillen Platz« und die Tauben, die »auf den Statuen der Bischöfe sitzen« *(Paris – ein Fest fürs Leben)*. Ein hungriger Henry Miller verfluchte die Tauben, die die Brotkrumen wie von Geisterhand verschwinden ließen *(Wendekreis des Krebses)*. Beide besuchten dieses Café, ebenso wie Djuna Barnes, deren Roman *Nachtgewächs* hier und im Hôtel Réca-

mier auf der anderen Seite des Platzes spielt. Beckett frühstückte hier. Simone de Beauvoir traf Camus hier zum letzten Mal mit Sartre, bevor die beiden Männer sich im Jahre 1951 zerstritten. Und Saul Bellow schrieb, er besuche niemals das Deux Magots oder das Flore; er bevorzuge dies ruhige Café am Place St.-Sulpice.

Unter den vielen Schriftstellern, die in der Nähe wohnten, waren Faulkner (26 Rue Servandoni), Hemingway (6 Rue Férou) und Fitzgerald (irgendwo in der Rue de Mézières). Letzterer wählte für seine Erzählung *Babylon Revisited* die Rue Palatine als Schauplatz. Doch bevor im 19. Jahrhundert diese Vertreter der Moderne hier auf den Straßen flanierten, gehörte das Territorium zwischen der Place St.-Sulpice und den Jardins de Luxembourg Alexandre Dumas und seinen drei Musketieren: Aramis wohnte gleich östlich der Rue Cassett, Athos in der Rue Férou, Portos hatte seine angebliche Residenz in der Rue du Vieux-Colombier, und D'Artagnans erstes Zuhause befand sich in der Rue des Fossoyeurs (heute Rue Servandoni).

Wenn Sie sich hier in der Gegend aufhalten, besuchen Sie unbedingt den Village Voice Bookstore in der Rue Princesse und die Kirche von St.-Sulpice (1749); besonders interessant ist die Kapelle der Jungfrau Maria hinter dem Hochaltar, wo Hemingway eine Kerze angezündet haben will, als er mit seiner zweiten Frau Pauline Probleme im Bett hatte. Er erzählte A. E. Hotchner, daß er gleich nach seiner Rückkehr in ihre gemeinsame Wohnung in der Rue Férou erfolgreich die Probe aufs Exempel gemacht habe. Die junge Scottie Fitzgerald und auch Faulkner besuchten hier die Messe. »Ich werde bald ein guter Katholik sein«, schrieb Faulkner an seine Mutter. Während seines Sommers und Herbstes in Paris (1925) saß er jeden Tag in den Jardins de Luxembourg, die nur einen Häuserblock weit entfernt liegen.

❸ **Crémerie Restaurant Polidor**
41 Rue Monsieur-le-Prince (6ᵉ)
Tel: 43 26 95 34
Öffnungszeiten: 12.30 – 14.30 Uhr,
19.30 – 1.00 Uhr
(Sonntags nur bis 22.00 Uhr)
Metro: Odéon
In den Jahren 1902 und 1903 lebte gleich um die Ecke neben dem Theater in der Rue Corneille ein junger Ire namens James Joyce, der hier aß, wann immer er konnte – das heißt, wenn er eine Überweisung aus Dublin erhalten hatte. Er schrieb Literaturkritiken, las in den Bibliotheken und schuf sich seine eigene Theorie der Kunst, während er sich die äußere Erscheinung und die Haltung eines Bohemiens zu eigen machte. Er wählte aus einer Speisekarte, deren wesentliche Bestandteile BOF (Butter, Eier und Käse) waren. Die Crémeries, die sich im Quartier Latin in großer Zahl ansiedelten und vor allem bei den Bohemiens unter den Studenten großen Anklang fanden, boten einfache, frische Mahlzeiten und große Schalen Kaffee, Schokolade oder heiße Milch mit Reis für nur ein paar Centimes an.
Die Crémerie Polidor eröffnete 1845 und hatte sich bis 1890 zu einem richti-gen Restaurant entwickelt, besser gesagt, zu einem *bistro* oder *bouillon* – diese Bezeichnungen treffen wohl eher auf den Speisesaal mit den langen Tischen und das preiswerte Essen zu. Es liegt unweit der Sorbonne, in der Nähe gibt es zudem noch unzählige Buchläden und Verlagshäuser; so zieht es Studenten und Besucher aus aller Herren Länder an (die Speisekarte ist mehrsprachig). Eine Vielzahl von einfachen Gerichten wird angeboten.
Die Liste der berühmten Stammgäste ist ebenso lang wie die Speisekarte: Rimbaud und Verlaine aßen hier im 19. Jahrhundert, Joyce Anfang des 20. Jahrhunderts und in jüngerer Vergangenheit der amerikanische Romancier Richard Wright. Das Collège de Pataphysique trifft sich im Polidor. Zu den Schülern von Alfred Jarry zählten einst auch der Dichter und Maler Max Ernst, der Theaterschriftsteller Eugène Ionesco und der Filmregisseur René Clair. Die heutigen Absurdisten oder Surrealisten veranstalten weiterhin ihre ausgelassenen Zusammenkünfte in diesen Räumlichkeiten, und auch die Freunde von Paul Verlaine treffen sich gelegentlich im Polidor.
Zum Glück für die weniger begüterten Studenten und Professoren hat das Polidor bisher dem Trend widerstanden, das Lokal hochzustylen – man kann immer noch auf alten Fliesen unter schlichten antiken Spiegeln essen. Wenn Sie aus dem Restaurant heraustreten und sich nach links wenden, gelangen sie zum Place de la Sorbonne oder zum Place du Panthéon. Halten Sie sich rechts und biegen Sie dann links ab, dann stoßen Sie auf das Odé-

on-Theater. Richard Wright wohnte von 1948 bis zu seinem Tode 1960 in der Rue Monsieur-le-Prince Nr. 14; hier schrieb er seine Autobiographie und sieben Romane (darunter *Black Boy*) und bewirtete im März 1959 Martin Luther King.

❹ Le Procope
13 Rue de l'Ancienne-Comédie (6ᵉ)
Tel: 43 26 99 20
Öffnungszeiten:
täglich 8.00 – 14.00 Uhr
Metro: Odéon
Als Benjamin Franklin 1790 starb und die französische Nationalversammlung drei Tage lang trauerte, war das Procope zu Ehren eines seiner Stammgäste, der zugleich Frankreichs beliebtester Amerikaner war, schwarz verhängt.

Das Café, das hier im Jahre 1686 eröffnete (wahrscheinlich eröffnete es im Jahre 1675 zunächst in der Rue de Tournon), war im 18. Jahrhundert die Geburtsstätte der rationalistischen *Encyclopédie*, deren Entstehung auf ein Gespräch zwischen Diderot und d'Alembert zurückgeht. Diese beiden Männer sowie Voltaire (vielleicht der Schutzheilige des Procope), Rousseau und Beaumarchais kamen oft hier zusammen. Am Abend des 27. April 1784 saß Beaumarchais hier an einem Tisch, während im nahen Odéon-Theater seine Oper *Figaros Hochzeit* Premiere hatte. Während der Revolution trafen sich Danton und Marat in diesen Räumen; auf dem Boulevard Saint-Germain findet sich eine Statue Dantons, die auf die nach ihm benannte Straße blickt. Diese Franzosen sowie Benjamin Franklin, Thomas Jefferson, John Paul Jones und Henry Wadsworth Longfellow trugen dazu bei, daß das Le Procope im 18. Jahrhundert das berühmteste Café von ganz Paris war. Heute ist dieses älteste Pariser Café jedoch weder für sein Essen noch für seine illustre Gästeschar berühmt.

Seinen Namen erhielt das Café von seinem Gründer Francesco Procopio dei Coltelli; dieser sizilianische Adelige besaß den Weitblick, vorauszusehen, welchen Anklang Kaffee einmal finden würde, als dieser noch eine Neuheit war. Natürlich war er Italiener! Der Kaffee und die Beliebtheit der Comédie-Française, die 1689 auf der gegenüberliegenden Straßenseite eröffnete, sicherten den Erfolg des Procope. Im 19. Jahrhundert zählten Hugo, Musset, George Sand, Balzac, Gautier, Verlaine und später Zola, Huysmans, Maupassant und Cézanne zu seinen Stammgästen. Es bezeichnet sich selbst als *Le Rendez-vous des Arts et des Lettres*.

Als das Procope am 14. Juni 1988 nach einer kompletten Renovierung wiedereröffnete, war es vollgepfropft mit Erinnerungsstücken an seine Kaffeehaus-Herkunft: schwarze Barkeeper (die Kaffee ausschenken) mit rotem Fez, Kaffeetische mit Zeitungen (darunter die *Herald Tribune*) gleich hinter der Tür, eine Glasvitrine mit Gebrauchsgegenständen aus Kaffeehäusern und zeitgenössisch gekleidete Kellner in weißen Hemden, grauen, ärmellosen Westen und ausgebeulten schwarzen Hosen. Aber das computergesteuerte Bestellsystem (jeder Kellner hat eine Plastikcodekarte) und die lauten Töne des mechanischen Klaviers zerstören die historische Atmosphäre.

Das Café Le Procope in den Zwanziger Jahren.

Das Ganze sieht aus wie die Fälschung eines Wohnzimmers aus dem 18. Jahrhundert. Im hellen Licht wirken das Rot und Gold schrill, aber bedenken Sie, daß Emerson die Cafés bei seinem Parisbesuch Anfang des 19. Jahrhunderts »unerhört hell« fand. Die heutigen Besucher scheinen glücklich zu sein – und die breite Austernbar aus Chrom und Marmor verspricht frische Meeresfrüchte.

Beachten Sie beim Verlassen des Restaurants die Tafel auf der gegenüberliegenden Straßenseite, die an die ursprüngliche Comédie-Française erinnert. Wenn Sie sich nach rechts wenden und in die Rue St.-André-des-Arts einbiegen (jede Straße hier ist voller literarischer Assoziationen), werden Sie auf die Nr. 46 stoßen, wo E. E. Cummings 1923 während einer seiner zahlreichen Reisen nach Paris – das er in seinen Gedichten gepriesen hat – wohnte; in Nr. 41 lebte Racine von 1680 bis 1684; in Nr. 28 verkehrte Jack Kerouac 1962 in der von ihm so genannten »perfekten Bar«, der inzwischen nicht mehr vorhandenen La Gentilhommière; und in Nr. 25 war Baudelaire im Keller eines alten Cabarets häufiger Gast.

Café Lapérouse.

❺ Lapérouse
51 Quai des Grands-Augustins (6ᵉ)
Tel: 43 26 68 04
Öffnungszeiten: 12.30 – 14.30 Uhr,
20.00 – 24.00 Uhr (Sonntagabends
und Montags geschlossen)
Metro: Saint-Michel

Wenn Sie sehen möchten, wie ein gutes Restaurant vor 150 Jahren ausgesehen hat, gehen Sie in das Lapérouse. Nach Einbruch der Dunkelheit erhellen Lüster die beiden oberen Stockwerke, die in Séparées unterteilt sind. Vom Flußufer aus kann man diesen zauberhaften Anblick gut auf sich wirken lassen. Wann genau dieses Restaurant an der Seine eröffnet wurde, ist ungewiß, aber es war irgendwann nach 1850. Im Baedeker von 1888 war es mit einem Stern versehen und damit als ebenso sehenswert gekennzeichnet wie das Tour d'Argent und das Foyot in den neunziger Jahren des vorigen Jahrhunderts. Mit seinen dunklen Holzvertäfelungen, den goldenen Verzierungen, den alten Gemälden mit ländlichen Sujets, den kleinen schmiedeeisernen Balkonen, die der Epoche Louis XV nachempfunden sind, und jeder Menge Patina ist es ein echtes Wahrzeichen der Belle Époque.

Ursprünglich war es ein sehr viel bescheideneres Restaurant, in dem der Weinhändler Jules Lefèvre die Händler des nahen Marktes, dessen Spezialität Wild und Geflügel war, bewirtete. Er stellte das erste Obergeschoß diesen Händlern, ihren Maklern und Vermittlern zur Abwicklung ihrer Geschäfte zur Verfügung – daher die heutigen Séparées. Als der Markt verlegt wurde, ging das Restaurant jedoch nicht ein; es zog jetzt Verleger und Schriftsteller an. Maupassant, Hugo, Dumas, Thackeray und Robert Louis Stevenson fühlten sich im Lapérouse sehr wohl. Dies ist wahrscheinlich auch das Restaurant, in dem Lambert Strether in Henry James' *The Ambassadors* mehrmals diniert. In späteren Jahren speisten hier Proust und Colette. Man sagt, daß früher Senatoren und Geschäftsleute die kleinen Räume für verschwiegene Tête-à-Têtes nutzten.

Das Lapérouse ist sehr teuer, aber das Herrschaftshaus aus dem 18. Jahrhundert ist eine architektonische Glanzleistung, und seine Lage ist exzellent. Direkt auf der anderen Seite des Flusses, inmitten der Ile de la Cité, liegt das Restaurant Paul, wahrscheinlich das Vorbild zur Brasserie Dauphine aus den Romanen von Georges Simenon – das Café, in dem Kommissar Maigret seit 1929 Stammgast war.

Die Champs-Elysées bei Nacht,
Zwanziger Jahre.

Die literarischen Cafés
und Restaurants
am rechten Seine-Ufer

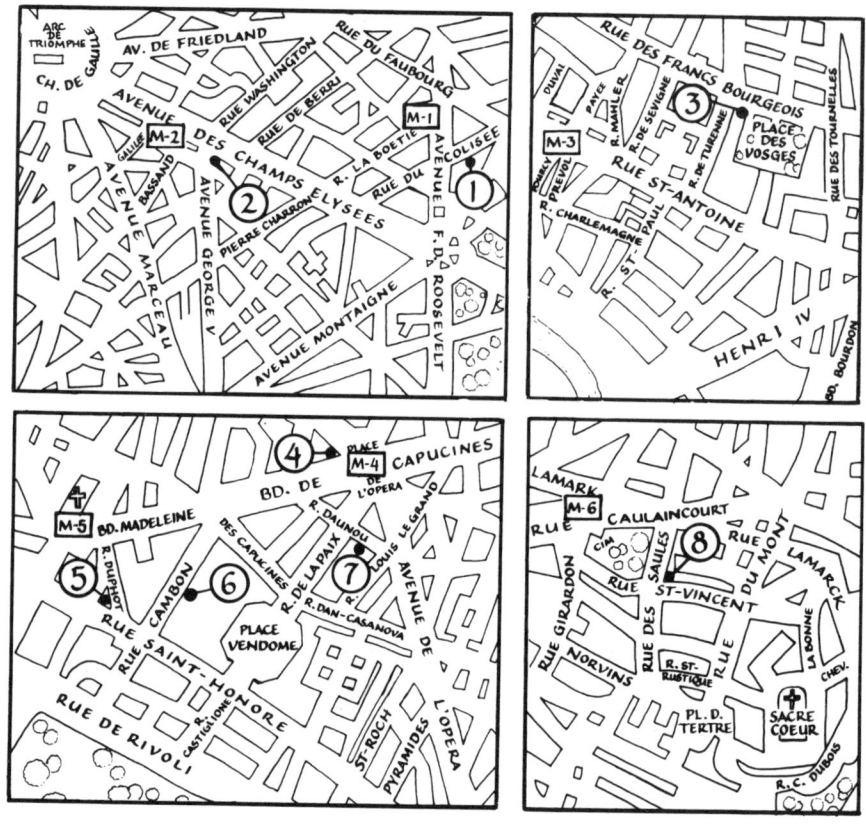

Das rechte Seine-Ufer

1 Le Bœuf sur le Toit
2 Le Fouquet's
3 Ma Bourgogne
4 Café de la Paix
5 Prunier
6 Hemingway Bar (Hôtel Ritz)
7 Harry's New York Bar
8 Le Lapin Agile

Metrostationen:
M-1 St.-Philippe-du-Roule
M-2 George V
M-3 St. Paul
M-4 Opéra
M-5 Madeleine
M-6 Lamarck Caulaincourt

Vor Beginn des 20. Jahrhunderts lebten die meisten Künstler am rechten Seine-Ufer; vor allem in dem damals noch billigen Viertel am Montmartre. Und mit wenigen Ausnahmen waren auch die ehrwürdigen alten Cafés des vorigen Jahrhunderts auf der rechten Seineseite zu finden. Die meisten von ihnen existieren heute nicht mehr: Das Durand auf der Place de la Madeleine, wo Zola *J'accuse* schrieb, ist ebenso verschwunden wie das La Régence gegenüber der Comédie-Française, in dem Napoleon Schach gespielt hat; das Café des Milles Colonnes im Palais-Royal, wo Sir Walter Scott dinierte, und das Café Anglais auf dem Boulevard des Italiens, in dem Dumas der Ältere seine wöchentlich erscheinenden Folgen von *Die drei Musketiere* schrieb, gehören längst der Vergangenheit an.

Heute existieren nur noch zwei Cafés aus dem 19. Jahrhundert: das Fouquet's auf den Champs-Élysées und das Café de la Paix an der Ecke Boulevard des Capucines und Place de L'Opéra. Von den drei weiteren auf den nächsten Seiten erwähnten literarischen Cafés oder Restaurants förderte das Prunier bewußt amerikanische Schriftsteller und Journalisten; das Le Bœuf sur le Toit war ursprünglich ein von Künstlern gegründetes Kabarett. Das Ma Bourgogne, das Fouquet's und das Café de la Paix verfügen über Caféterrassen. Das Le Bœuf sur le Toit und das Prunier sind Restaurants in Innenräumen und haben Bartheken.

❶ **Le Bœuf sur le Toit**
34 Rue du Colisée (8e)
Tel: 43 59 83 80
Öffnungszeiten: 12.00 – 2.00 Uhr
Metro: St.-Philippe-du-Roule
Hier, in unmittelbarer Nähe der Avenue Franklin-Roosevelt, hat der Ochse auf dem Dach sein viertes Quartier gefunden. Zuerst siedelte er sich in der Rue Duphot an, zog später in die Rue Boissy-d'Anglas um, wo er seine große Zeit erlebte, und ließ sich dann in den größeren Räumen in der Rue de Penthièvre 26 nieder. Das heutige Lokal, eine Kreation der Flo-Brasserie-Gruppe, liegt in einer Straße, die in die Rue du Faubourg St.-Honoré einmündet.

Der dadaistisch klingende Name entstand direkt nach dem Ersten Weltkrieg, als Paul Claudel Jean Cocteau von einem Restaurant dieses Namens in Brasilien erzählte. Cocteau verwendete den Namen für ein neues pantomimisches Ballett, das er 1920 in Zusammenarbeit mit Darius Milhaud und den Brüdern Fratellini aus der Taufe hob. Er gab den Namen weiter an Louis Moysès, der gerade eine Bar eröffnet hatte, die als Kabarett für Musiker und Komponisten fungierte. Cocteau, der hier von Mitternacht an bis in die frühen Morgenstunden das Zepter führte, nannte es »*un rendez-vous de chasse spirituel*«. Fargue bezeichnete es als »eine Art Gesellschafts-Académie«, und Paul Valéry sagte, es sei ein Ort, an dem die Kunst der Musik begegnete, die der Gesellschaft begegnete, die dann der Politik begegnete, bevor sie dem Geld begegnete, das der Literatur begegnete, die wiederum der Lebensweise der Boheme begegnete und so weiter, bis der Kreis sich schloß.

Das zweite Zuhause dieses *monument poétique* existiert nicht mehr, aber die gegenwärtige Inkarnation ist seinem Andenken gewidmet und liefert eine großartige Szenerie für die dreißiger Jahre. Die Fassade mit den geschwungenen Fenstern und den Art deco-Schildern, die Piano-Bar und die sorgsam ausgewählte Inneneinrichtung sind aufwendiger gestaltet als in jeder anderen der zahlreichen früheren Inkarnationen des Le Bœuf. Über der großen Austerntheke, an der auch frischer Fisch verkauft wird, hängt eine Vitrine mit Fotos und Memorabilien der früheren Le Bœufs. Mittag- und Abendessen sind hier recht teuer.

❷ Le Fouquet's
99 Avenue des Champs-Élysées (8ᵉ)
Tel: 47 23 70 60
Öffnungszeiten: 9.00 – 3.00 Uhr
Metro: George V

»Wir essen sehr oft im Fouquet's, eigentlich fast immer«, schrieb James Joyce am 1. Juli 1934 seinem Sohn und seiner Schwiegertochter. »Es ist ein schicker Boxring geworden. Gestern abend verpaßte hier eine Dame in vorgerücktem Alter einem vollkommenen Gentleman eine Ohrfeige, weil er in Begleitung einer anderen vollkommenen Dame war.« Dann berichtet er von weiteren Ohrfeigen und Raufereien und kommt zu dem Schluß, »manche Leute sind eben so verspielt«. Die Joyces kehrten während der dreißiger Jahre regel-

Die Bar des Café Le Bœuf sur le Toit in den Zwanziger Jahren.

Das Café Le Fouquet's in den Zwanziger Jahren.

mäßig hier ein; sie wohnten nur ein paar Straßen weiter in der Rue Galilee Nr. 42, später dann direkt am anderen Seineufer in der Rue Edmond Valentin Nr. 7. Joyce hatte ein Faible für Eleganz und zog weißen Wein (den Blitz, wie er ihn nannte) dem roten (Beefsteak, sagte er dazu) vor. Dem französischen Kritiker und Verleger Louis Gillet zufolge saß Joyce immer am gleichen Tisch und bestellte stets dasselbe Menü (marinierte Austern, Hühnchen, Pilze oder Spargel, Fruchtsalat oder Eis), rührte aber das Essen nie an; er rauchte und leerte bis Mitternacht drei oder vier Karaffen Muscadet. Joyce, ein »Gewohnheitsmensch«, ließ die Konversation seiner Gäste abwesend an sich vorbeirauschen und verfiel häufig in Schweigen, erinnert sich Gillet. Während des Jahrzehnts, in dem er hier Stammgast war, arbeitete Joyce an seinem letzten Roman, *Finnegans Wake*; dabei stand es um seine Nerven und seine Gesundheit nicht zum besten (er starb 1941 an einem Zwölffingerdarmgeschwür), und er versuchte zudem verzweifelt, seine geisteskranke Tochter Lucia zu retten. Le Fouquet's, das beliebteste Café am rechten Seine-Ufer, wurde 1899 als elsässisches Café und Restaurant gegründet. Im Sommer 1988 stand es kurz vor der Schließung, weil die neuen Besitzer des Gebäudes die bis dato billige Miete auf das Neunfache erhöhten. Zeitungsartikel auf der ersten Seite, Denkmalschutzkomitees und Unterschriftensammlungen bewegten schließlich den französischen Kulturminister im Oktober dazu, das Weiterbestehen des Café-Restaurants als Kulturdenkmal anzukündigen. Als wichtiger Umschlagplatz für gesellschaftliche Neuigkeiten wird das Fouquet's von Filmregisseuren (dem Algerier Lakhdar Hamina dient das Café als Hauptstandort), Filmstars, Journalisten und Klatschkolumnisten frequentiert.

An der lebhaften Kreuzung der Avenue George V und der Champs-Élysées gelegen, ist das Fouquet's berühmt für seine Bar, die sich im Café im Erdgeschoß befindet. Das Fouquet's Élysées Restaurant (geschlossen vom 15. Juli bis zum 1. September und am Wochenende) ist oben im ersten Stock. Vielleicht interessieren Sie die Messingschildchen mit den Namen berühmter verstorbener Stammgäste oder die silbernen Serviettenringe der noch lebenden häufigen Besucher von Rang und Namen.

❸ Ma Bourgogne
19 Place des Vosges (4e)
Tel: 42 78 44 64
Öffnungszeiten: 8.00 – 23.30 Uhr
(Montags geschlossen)
Metro: St.-Paul
Hier an der Ecke der Place des Vosges, einem der ältesten Plätze von Paris, und der Rue des Francs Bourgeois liegt das beste und meistbesuchte Café von Marais – dem Viertel, in dem zwischen dem 15. und dem 18. Jahrhundert die Aristokratie von Paris ihre Stadtwohnungen hatte. Das Hôtel des Tournelles entstand um 1400, der Platz wurde im 17. Jahrhundert vollendet.
Hier kann man unter historischen Arkaden mit Leuten aus der Gegend oder den Geistern derer, die sich auf dem Platz duelliert haben, einen Drink neh-

men. Sie werden auch mit Inspektor Maigret aus Georges Simenons Detektivgeschichten zusammen ein Glas trinken, der in schönster Regelmäßigkeit hier einkehrt.

Ein Café hat es an dieser Stelle schon spätestens seit der Jahrhundertwende gegeben, und das Ma Bourgogne selbst existiert seit dem Zweiten Weltkrieg. Um 1960 suchten Sartre und Beauvoir Zuflucht in diesem Café, nachdem sie bei einer politischen Demonstration gegen De Gaulles Vorgehensweise in Algerien an der Metrostation St.-Paul fast niedergetrampelt worden wären. Sie hatten mit der Metro der Demonstration folgen wollen, als bei den Protestaktionen auf dem Place de la Bastille Tränengas eingesetzt wurde.

Am Place des Vosges lebte Kardinal Richelieu in Nr. 21, Théophile Gautier in Nr. 8 und Victor Hugo in Nr. 6, einem Gebäude, das von Dumas zum Haus der unglücklichen Mylady aus *Die drei Musketiere* auserkoren wurde; heute befindet sich dort das Hugo-Museum, geöffnet von 10.00 bis 17.30 Uhr (Montag und Dienstag geschlossen). Nordöstlich des Platzes in den Häusern Rue des Tournelles Nr. 30–36 war im 17. Jahrhundert der große literarische Salon von Ninon de Lenclos zu Hause; zu ihren Gästen zählten La Fontaine, Boileau, La Rochefoucauld und Molière, der hier aus *Tartuffe* vorlas. Nordwestlich des Platzes in der Rue de Thorigny Nr. 5 ist das Picasso-Museum zu finden, geöffnet von 10.00 bis 17.00 Uhr (mittwochs bis 22.00 Uhr, dienstags geschlossen).

❹ Café de la Paix
5 Place de l'Opéra (9ᵉ)
Tel: 42 68 12 12
Öffnungszeiten: 10.00 – 1.30 Uhr
(Restaurant im August geschlossen)
Metro: Opéra

Ein historisches Monument der Belle Époque, das Café de la Paix, eröffnete im gleichen Jahr wie die Pariser Oper, nämlich 1872. Seine Marmorsäulen, die reich verzierte Fassade und die illusionistischen Malereien von Himmel und Engeln an der goldfarbenen Decke sind ein Beispiel für die Hochphase der viktorianischen Architektur. Dies ist das letzte noch verbliebene der großen Cafés, zu denen einst (auf dem Boulevard des Italiens, vom Café de la Paix herkommend) das Café de Paris in Nr. 24, das Tortonis in Nr. 22, die Maison Dorée in Nr. 20, das Café Riche in Nr. 16 und das Café Anglais in Nr. 13 zählten. Wie Balzac, Flaubert, Maupassant und Henry James in ihren literarischen Werken zeigen, war dies das Zentrum des Pariser Lebens im 19. Jahrhundert – der »Mittelpunkt der zivilisierten Welt«.

Zu den Gästen des La Paix zählten Dichter und Filmstars, Könige und Prinzen. James begegnete Turgenew hier (obwohl manche Quellen auch von einem Zimmer über dem Grand Hôtel sprechen). Ausländische Zeitungsreporter, die in der Nähe arbeiteten – darunter Booth Tarkington, John Dos Passos und Gilbert Seldes –, kamen hierher. George Gurdjieff, der russisch-griechische Mystiker, veranstaltete einen Frühstücksstammtisch in diesem Café, wo er sich mit seinen Anhängern traf, darunter A. R. Orage *(New*

Das Café de la Paix am Place de l'Opéra, 1928.

Restaurant Prunier, 1955.

Age), Margaret Anderson, Solita Solano, Georgette Leblanc und Kathryn Hulme. Hier beendete bei der Befreiung von Paris im August 1944 de Gaulle um die Mittagszeit seinen berühmten Marsch vom Triumphbogen über die Champs-Élysées; er bestellte ein Omelette.

Es ist nicht weiter überraschend, daß das Café und das Grand Hôtel in zahlreichen Romanen und Kurzgeschichten erwähnt werden, unter anderem in Zolas *Nana*, in Henry James' *Die Amerikaner*, in Booth Tarkingtons *The Beautiful Lady*, in Richard Harding Davis' *The Princess Aline*, in Thomas Wolfes *Von Zeit und Strom* und in Hemingways *My Old Man* und *Fiesta*.

❺ Prunier
9 Rue Duphot (1ᵉ)
Tel: 42 60 36 04
Öffnungszeiten: 12.30 – 14.30 Uhr,
19.30 – 22.30 Uhr
Metro: Madeleine
Zelda und F. Scott Fitzgerald bestellten immer Pouilly und Bouillabaisse, wenn sie in den zwanziger Jahren hier aßen.

Hadley und Ernest Hemingway feierten hier, wenn sie bei den Rennen gewonnen hatten; sie aßen Austern und *crabe mexicain* und tranken Sancerre dazu. Nach dem Zweiten Weltkrieg dinierten Hemingway und seine vierte Frau Mary hier zusammen mit Marlene Dietrich. Mary erinnert sich an zwei Flaschen Sancerre.

Das Restaurant Prunier – heute gibt es eine Filiale auf der Avenue des Champs-Élysées – wurde 1872 als Austernlokal eröffnet, das vorwiegend von Amerikanern und Briten besucht wurde. Es wird erzählt, daß man mit dem Kochen begann, als ein Mann aus Boston Emile Prunier bat, seine Austern zu kochen, und die Prozedur dann selbst in Pruniers Küche vorführen mußte. Prunier, der in der Bretagne Muscheln und Austern züchtete, warb im großen Stil in der Pariser Ausgabe des *Herald*. Viele junge amerikanische Schriftsteller, die sich anfangs als Journalisten durchbrachten, kamen hierher, um Meeresfrüchte zu essen.

Man kann draußen oder drinnen im Erdgeschoß von der Austernbar wählen oder im Obergeschoß à la carte essen. Es gibt Séparées und eine Pianobar, außerdem Toiletten, die mit ihrem antiken Eichenholz-Schnitzwerk und den Porzellanwaschbecken geradezu ein Jugendstil-Denkmal sind.

Fitzgerald und Hemingway verzehrten hier miteinander ein ausgiebiges Mittagessen, bevor sie sich mit Morley Callaghan, einem kanadischen Schriftsteller und Amateurboxer, zum Training trafen. Fitzgerald spielte den Zeitmesser, während Hemingway und Callaghan gegeneinander boxten. Nach einer sehr langen Runde zwang Callaghan Hemingway in die Knie, und ein verwirrter Fitzgerald stieß hervor, daß er einen Fehler gemacht habe und die Runde schon seit zwei Minuten vorbei sei. Das verzieh Hemingway ihm nie, obgleich die drei Männer danach ins Falstaff zogen, um etwas zu trinken.

**Die New York Bar
in den Zwanziger Jahren.**

Die literarischen Bars
am rechten Seine-Ufer

Angeblich sagte F. Scott Fitzgerald einmal zu Robert Benchley: »Bob, weißt du nicht, daß Trinken ein langsamer Tod ist?« Benchley soll geantwortet haben: »Wieso, hat es jemand eilig?« Beide Männer nahmen gern in Hotelbars einen Drink: Benchley im Algonquin in New York, Fitzgerald im Ritz in Paris. Ich erzähle es nur ungern, aber beide ereilte tatsächlich aufgrund dieser Gewohnheit ein früher Tod.

Obwohl Paris eine Stadt der Cafés ist, so sind doch auch einige Bars für die Literatur und die Schriftsteller von Bedeutung gewesen. Jake Barnes in Hemingways *Fiesta* kehrte oft in der Bar des Hôtel Crillon am Place de la Concorde ein, die als längste Bar Europas galt, bis sie im Jahre 1984 einem Restaurant weichen mußte. Die Hole-in-the-Wall-Bar (23 Boulevard des Capucines) wurde im Jahre 1988 geschlossen, war aber einst Treffpunkt für junge Schriftsteller, die während der ersten Jahrzehnte dieses Jahrhunderts in den Zeitungsredaktionen rund um die Opéra arbeiteten. Hemingway nannte sie »Stammlokal von Deserteuren und Drogenhändlern während und nach dem Ersten Weltkrieg«, wahrscheinlich, weil es einen Hinterausgang zu den Katakomben von Paris gab.

Aber es gibt einige Bars mit literarischer Geschichte, die heute noch Drinks servieren. Zur Klientel der Bar des exklusiven, künstlerisch aufgemachten L'Hôtel, Rue des Beaux-Arts Nr. 13, in dem Oscar Wilde im November 1900 starb, zählen Schriftsteller auf der Durchreise ebenso wie Künstler, so war auch schon Mick Jagger hier. Zwei weitere Hotelbars verdienen besondere Beachtung:

die im Ritz und die im Pont-Royal (siehe das Kapitel über St.-Germain-des-Prés).

Eine in den zwanziger Jahren durch Fitzgerald und andere reiche Amerikaner – und später durch Hemingway – bekannt gewordene Bar ist die des Hôtel Ritz, vor der Depression Schauplatz opulenter Parties. Hemingway behauptet, das Ritz »befreit« zu haben, als er 1944 bei Kriegsende mit einer Truppe schmutziger Soldaten hereinstürmte und 93 trockene Martinis bestellte. Damals und später hielt er hier hof und empfing Marlene Dietrich, Jean-Paul Sartre und viele andere Berühmtheiten. In Anerkennung für den Ruhm, den er dem Hotel verschafft hatte, und als Dank für seine Freundschaft mit Charles Ritz nannte letzterer die kleinere der Hotelbars (die ehemalige Damenbar) Hemingway Bar. Wenn man das Ritz von der Rue Cambon aus betritt, befindet sie sich gleich rechts hinter der Tür.

In den Werken Fitzgeralds kommt die Ritz-Bar am häufigsten vor: Hier trinkt Abe North aus *Tender Is the Night* am liebsten, und *The Bridal Party* und *News of Paris – Fifteen Years Ago* haben hier ihren Schauplatz. In *Babylon Revisited* kehrt Charlie Wales in den dreißiger Jahren nach Paris zurück und findet die »Stille in der Ritz-Bar . . . seltsam und unheimlich«. Sie ist keine amerikanische Bar mehr, klagt er, sie ist »wieder in französischem Besitz«.

Harrys New York Bar wirkt wie ein Pub einer der Eliteuniversitäten an der Ostküste der USA. Hinter den Schwingtüren befindet sich zur Linken eine lange Theke, und an den dunklen Holzwänden dahinter hängen College-Flaggen. Hemingway schaute hier vierzig Jahre lang ab und zu herein; der Besitzer Harry McElhone war sein Sekundant, wenn er in den zwanziger Jahren boxte. Fitzgerald trank hier oftmals zuviel, und die Legende erzählt, daß er einmal in volltrunkenem Zustand mit einem beschlagnahmten Leichenwagen nach Hause gebracht worden sei. George Gershwin hämmerte unten *An American in Paris* in die Tasten, und die Gäste beschwerten sich über den »Klavierstimmer«.

Die 1911 gegründete und damit »älteste Cocktailbar Europas« hieß damals New York Bar. Der Name Harry's kam erst 1923 hinzu, als McElhone sie übernahm (eine Quelle berichtet auch, er habe sie erst 1927 gekauft). Sein Sohn Andy, der mit Jack Hemingway spielte, während ihre Väter miteinander boxten, übernahm sie von seinem Vater. Heute wird die Bar von Harrys Enkel Duncan geführt; der Bloody Mary, der Side Car und ein halbes Dutzend weiterer Drinks wurden hier erfunden. Amerikanische und englische Sportler und Geschäftsleute fühlen sich hier, zwischen den Flaggen und Hemingways Fischerei- und Jagdfotos, zu Hause. Der Satz *»Sank Roo Doe Noo«* an der Eingangstür

sagt Gästen, die nur englisch sprechen, auf schamlose Art, wie sie ihre Taxifahrer instruieren müssen, wenn sie wiederkommen wollen. Zu den Dutzenden von Schriftstellern, die diese Bar im Lauf ihrer inzwischen achtzigjährigen Geschichte besucht haben, zählen Thornton Wilder, James Jones, Brendan Behan und Liam O'Flaherty. Die Bar kommt in zahlreichen literarischen Werken ihrer Gäste vor, so zum Beispiel in den James Bond-Romanen von Ian Fleming und in *Dodsworth* von Sinclair Lewis.

❻ Hemingway Bar im Hôtel Ritz
38 Rue Cambon, eine Straße
westlich vom Place Vendôme (1ᵉ)
Tel: 42 60 38 30
Öffnungszeiten: 11.00 – 1.00 Uhr
Metro: Madeleine

❼ Harry's New York Bar
5 Rue Daunou, zwischen Rue de la Paix und Avenue de l'Opéra (2ᵉ)
Tel: 42 61 71 14
Öffnungszeiten:
täglich 10.00 – 4.00 Uhr
Metro: Opéra

Kiki und André Laroque, ihr Partner und Liebhaber. In den dreißiger Jahren hatte Kiki
für kurze Zeit ein eigenes Kabarett: »Oasis«, in der Rue Vavin, später »Chez Kiki«
genannt. Foto von Man Ray.

Die Cabarets

Obwohl man den Ursprung des Wortes Cabaret nicht kennt, gibt es dieses Wort schon seit dem 14. Jahrhundert, als man in kleinen Läden im Erdgeschoß Wein und Alkohol verkaufte. Cabarets und Tavernen galten als Stätten des Lasters, wo Glücksspiele, Schlägereien und Prostitution zu Hause waren. Zwar haben die Cafés mit ihren Fenstern und Spiegeln, ihren Marmortischchen und dem Kaffee die Cabarets inzwischen an Beliebtheit übertroffen, doch gibt es sie auch heute noch in Paris. Sie haben sich vor allem der Unterhaltung verschrieben und bieten sowohl volkstümliche als auch politische Musik und Kabarett.

Die ersten berühmten Cabarets gab es am Montmartre, beispielsweise zählte das Café de la Nouvelle Athènes dazu, in dem Degas, Renoir und Pissaro in den siebziger und achtziger Jahren des vorigen Jahrhunderts über Kunst diskutierten und später Satie am Klavier saß. Das berühmteste Cabaret war das Chat Noir, von dem Roger Shattuck sagt, daß es ein »auf dem Kopf stehender *Salon*« gewesen sei. Die Kellner dort trugen die Uniform der Académie Française; Hydropathen, Dichter des Quartier Latin, Maler und Chansonnières hielten dort Vorträge, sangen und gaben eine Zeitung heraus; verrückte Interpreten persiflierten ihre eigene Epoche. Auch wenn das Chat Noir 1897 geschlossen wurde, blieb doch Le Lapin Agile, der Geburtsort des Kubismus, erhalten – 1860 gegründet, ist es in einem kleinen Gartenhaus hinter einer Baumhecke zu finden. Utrillo hat es häufig gemalt, und auch Picasso, Modigliani, Apollinaire und Max Jacob verkehrten dort. Kommen Sie am besten sehr spät hierher, das heißt am frühen Morgen, dann werden Sie vielleicht etwas von der Atmosphäre des früheren Cabarets einfangen können.

Le Lapin Agile
22 Rue des Saules (18^e)
Tel: 46 06 85 87
Öffnungszeiten: 21.00 – 2.00 Uhr
(Montags geschlossen),
Eintritt: 90 Francs
Metro: Lamarck Caulaincourt

Lokalitäten

American Bar: eine Bar mit einigen Tischchen, an denen man sitzen kann

Bistro: ursprünglich eine Weinprobierstube; heute ist damit jedoch ein zwangloses Lokal mit einer Bar am Eingang gemeint, das von den Eigentümern selbst geführt wird

Bistro à vin: ein Wein-Bistro, das in einer saloppen Umgebung sorgfältig ausgewählte Weine im Glas oder in der Flasche kredenzt; dazu gibt es Käse, *Charcuterie* (geräucherte oder luftgetrocknete Wurst und Schinken), *Pâté* und Sandwiches

Brasserie: hier gibt es den ganzen Tag über etwas zu essen und Bier vom Faß; normalerweise weiträumig und hell erleuchtet; im Angebot vor allem preiswerte elsässische Küche oder Hausmannskost wie *Choucroute* (Sauerkraut), *Cassoulet* (Eintopf aus weißen Bohnen), Wurst und Kartoffeln

Cabaret: hier gibt es neben dem Ausschank alkoholischer Getränke Live-Musik und Tanzvorführungen; der Schwerpunkt liegt auf abendlicher Entspannung und Unterhaltung

Café: ein Treffpunkt zum Austausch von Klatsch oder geistreichen Bemerkungen; hier gibt es die Möglichkeit zum Imbiß, Kaffee- und Alkoholgenuß; häufig mit einer Terrasse auf den Gehweg hinaus; normalerweise ab 8.00 Uhr morgens geöffnet

Café-tabac: ein Café, das an der Bar außerdem Tabakwaren und Briefmarken verkauft

Crémerie: ein billiger Imbiß, in dem auch Milch, Eier, Käse und hausgemachte Mahlzeiten verkauft werden; die meisten Crémeries sind inzwischen Restaurants mit größerem Speiseangebot geworden

Restaurant: hier serviert man normalerweise ab 13.00 Uhr Mittag- und ab 20.00 Uhr Abendessen

Salon de thé: eine Teestube, wo in ruhiger und gemütlicher Umgebung auch Torten, Pralinen, Kuchen und Sandwiches angeboten werden

Beliebte Getränke

Anis: ein stark aromatisiertes alkoholisches Getränk auf Kräuterbasis

Café: Kaffee

Café noir oder café express: einfacher schwarzer Espresso

Café serré: ein extrastarker Espresso, der mit nur der halben Menge Wasser gemacht ist

Café allongé: ein abgeschwächter Espresso; oft wird er zusammen mit einer Karaffe heißen Wassers serviert

Café crème: Espresso mit dampferhitzter Milch, manchmal auch mit Sahne

Café au lait: ein Espresso, der mit heißer Milch aufgefüllt wird; in Frankreich das beliebteste Frühstücksgetränk

Café glacé: Eiskaffee

Double express: ein doppelter Espresso

Déca oder décaféiné: koffeinfreier Espresso

Chocolat chaud: heiße Schokolade

Eau: Wasser

Un carafe d'eau: Leitungswasser

Perrier: das beliebteste Mineralwasser mit Kohlensäure *(gazeuse)*

Orangina: mit Kohlensäure versetzte Orangenlimonade, das in Cafés am meisten bestellte nichtalkoholische Getränk

Schweppes: Tonic Water, mit Kohlensäure

Thé: Tee

Thé nature: einfacher schwarzer Tee

Thé au lait: schwarzer Tee mit Milch

Thé citron: schwarzer Tee mit Zitrone

Infusion: Kräutertee

Vin: Wein

Vin blanc: Weißwein

Vin rouge: Rotwein

Kir: trockener Weißwein mit *Crème de cassis*, einem Likör aus schwarzen Johannisbeeren

Kir royal: Champagner mit *crème de cassis*

Snacks

Baguette: ein langes, schmales Weißbrot
Charcuterie: Wurst und Pasteten (mit oder ohne Teigmantel)
Croissant: knuspriges Hörnchen aus Blätterteig
Croque-monsieur: Sandwich mit gegrilltem Schinken und Käse
Croque-madame: Sandwich mit gegrilltem Schinken und Käse, darauf ein Spiegelei
Crudités: Zusammenstellung aus verschiedenen Rohkostarten und Salaten; fast immer sind geriebene Karotten, rote Bete und Tomaten dabei
Jambon: gekochter Schinken
Œuf dur: hartgekochte Eier
Pain Poilâne: dunkles Brot mit dicker Kruste, gilt als bestes Brot von Paris
Pâté: durchgedrehtes, geformtes Fleisch (meist einschließlich Leber) im Teigmantel
Sandwich mixte: ein mit dünnen Schinkenscheiben und Gruyèrekäse belegtes Baguette mit Butter

Tips

Wenn Sie nur etwas trinken wollen, setzen Sie sich an einen ungedeckten Tisch. Liegen Platzdeckchen oder eine Tischdecke aus, bedeutet das, daß dieser Tisch zum Essen reserviert ist. Die Bedienung (*service*, zwischen 12 und 15 Prozent) ist immer im Preis inbegriffen. Sie sind nicht gezwungen, mehr zu zahlen.
Die Öffnungszeiten sind je nach Jahreszeit unterschiedlich. Die meisten französischen Geschäfte und Lokale sind im Juli oder August geschlossen.

Weiterführende Literatur

Boettcher, Jürgen, ed. *Coffee Houses of Europe.* London: Thames and Hudson 1980.
Cafés, Bistros et Compagnie. Expositions itinérantes CCI, No. 4, Centre Georges-Pompidou, Paris 1977.

Diwo, Jean. *Chez Lipp.* Paris: Denoël 1981.
Ellis, Aytoun. *The Penny Universities: A History of the Coffee Houses.* London: Secker & Warburg 1956.
Fargue, Léon-Paul. *Der Wanderer durch Paris.* Frankfurt a. Main: Suhrkamp 1967.
Fitch, Noël Riley. *Hemingway in Paris: Walks for the Literary Traveller.* London: Thorsons 1989.
Fitch, Noël Riley. *Sylvia Beach.* Frankfurt am Main: Insel 1988.
Haight, Mary Ellen Jordan. Spaziergänge durch Gertrude Steins Paris. Zürich: Arche Verlag AG, Raabe + Vitali, 1989.
Hemingway, Ernest. *Paris – ein Fest fürs Leben.* In: Gesammelte Werke Bd. 9, Reinbek bei Hamburg: Rowohlt, 1977.
Huddleston, Sisley. *Paris Salons, Cafés, Studios: Being Social, Artistic and Literary Memories.* Philadelphia: J. B. Lippincott 1928.
Lemaire, Gérard-George. *Les cafés littéraires.* Paris: Éditions Henry Veyrier 1987.
Littlewood, Ian. *Paris: A Literary Companion.* London: John Murray 1987.
Lottman, Herbert R. *Splendors and Miseries of the Literary Cafés.* In: Saturday Review, 48 (13. März 1965), S. 34–35 und 119–121.
Malki-Thouvenel, Beatrice. *Cabarets, Cafés et Bistros de Paris.* Paris: Édition Horwarth 1987.
Planiol, Françoise. *La Coupole: 60 ans de Montparnasse.* Paris: Denoël 1986.
Root, Waverley. *Brasserie Lipp – Rendezvous for le tout Paris.* In: Holiday, 46 (Oktober 1969), S. 66–67 und 94.
Seigel, Jerrold, *Bohemian Paris: Culture, Politics, and the Boundaries of Bourgeois Life, 1830 – 1930.* New York: Viking 1986.
Shattuck, Roger. *Die Belle Époque: Kultur und Gesellschaft in Frankreich 1885 – 1918.* München: Piper 1963.
Trabant, Warren & Jean. *Paris Confidential.* Baltimore: Agora 1987.
Villefosse, René Héron de. *Histoire et Géographie Gourmandes de Paris.* Les Éditions of Paris 1956.
Wells, Patricia. *Paris für Feinschmecker.* Köln: DuMont 1985.

Halbfette Ziffern verweisen auf
Abbildungen der Personen

Adamov, Arthur 20
Anderson, Margaret 79
Apollinaire, Guillaume 14, 29, 34, 41, 43, 85
Aragon, Louis 24, 37, 45, 56
Arp, Hans **16**
Artaud, Antonin 24
Baker, Josephine 18
Balzac, Honoré de 22, 36, 58, 66, 77
Barnes, Djuna 26, 53, 64
Barney, Natalie 36
Baudelaire, Charles 41, 49, 67
Beach, Sylvia 32, 38, 43
Beaumarchais, Pierre de 66
Beauvoir, Simone de 11, **12**, 24, 27, **28**, 29,
     30, 34, 36, **37**, 38, 49, 51, 52, 56, 64, 77
Beckett, Samuel 20, 41, 46, 52, 64
Behan, Brendan 83
Bellow, Saul 64
Benchley, Robert 82
Bennett, Arnold 5
Bondy, Walter **50, 51**
Boucicaut, Madame 49
Boileau, Nicolas 77
Boyle, Kay 49, 59, 60
Braque, Georges 52
Breton, André 24, 29
Broccoli, Matthew 48
Broyard, Anatole 13
Bryant, Louise 59
Bullit, William 59
Callaghan, Morley 52, 80
Camus, Albert 36, 37, 64
Cau, Jean **28, 37**
Celine, Louis-Ferdinand 37
Cézanne, Paul 41, 66
Chagall, Marc 29
Charters, Jimmy 48, 52
Chopin, Frédéric 23
Clair, René 65
Claudel, Paul 73
Coates, Robert 24
Cody, Morill 48

Cocteau, Jean 37, 46, **54**, 56, 73
Cohn, Robert 33
Colette, Gabrielle Sidonie 20, 69
Conolly, Cyril 34
Conrad, Michael Georg 37
Coppée, François 53
Cowley, Malcolm 17, 24, 56, 57
Crane, Hart 26, 60
Crosby, Harry 26, 60
Cummings, E. E. 67
Cunnard, Nancy 35
Dalí, Salvador 18
Danton, Georges Jacques 66
Davidson, Jo 48
Davis, Richard Harding 79
Degas, Edgar 85
Delacroix, Eugène 23
Derain, André 52, 57
Desnos, Robert 35
Diderot, Denis 63, 66
Dietrich, Marlene 80, 82
Dos Passos, John 20, 43, 77
Dreyfus, Alfred 16, 49
Duchamp, Marcel 56
Duhamel, Georges 42
Dumas, Alexandre sen. 64, 69, 73, 77
Duncan, Isadora 48, 60
Duras, Marguerite 36
Durell, Lawrence 46
Ehrenburg, Ilja 46
Emerson, Ralph W. 67
Eliot, T. S. 38
Ernst, Max 65
Fargue, Léon-Paul 13, 15, 24, 29, 30, 32, 44,
     53, 58, 73
Faulkner, William 37, 64, 65
Fitzgerald, Francis Scott 43, 46, 48, 52, 79,
     80, 82
Flanner, Janet 26, 29
Flaubert, Gustave 77
Fleming, Ian 83
Ford, Ford Madox 43

Fort, Paul 14, 41
Foujita, Tsugonhara 52
France, Anatole 64
Franklin, Benjamin 66
Fratellini, Brüder 73
Gallimard, Gaston 32, 37
Garcia Márquez, Gabríel 46
Gauguin, Paul 63
Gaulle, Charles de 77, 79
Gautier, Théophile 66, 77
Genet, Jean 37
Gershwin, George 82
Gibbons, Floyd 60
Gide, André 20, 37, 42, 63
Gillet, Louis 76
Giraudoux, Jean 24
Glassco, John 48, 52
Godard, Jean-Luc 34
Gourmont, Remy de 27
Guggenheim, Peggy 56
Gurdjieff, George 77
Guthrie, Pat 48
Hachette, Louis-Christophe 32
Halvorsen, Walter 51
Hamina, Lakhdar 76
Heap, Jane 48
Hemingway, Ernest 12, 13, 14, 19, 26, 32 f.,
    41 f., 44 ff., 52, 57, 59, 64, 79, 80, 82
Hemingway, Jack 48
Herriot, Edouard 64
Hiler, Hilaire 54, 55
Hotchner, A. E. 64
Huddleston, Sisley 16
Hugo, Victor 23, 77
Hulme, Kathryn 26, 36, 79
Huston, John 52
Huysmans, Joris Karl 26, 66
Ionesco, Eugène 65
Isherwood, Cristopher 26
Jacob, Max 57, 58, 95
James, Henry 9, 12, 69, 77, 79
Jolas, Eugene u. Maria 26, 36, 60, 63
Jarry, Alfred 34, 41, 65
Jefferson, Thomas 66
Jones, James 83
Jones, John Paul 66
Josephson, Matthew 24
Joyce, James 36, 38, 42, 65, 74
Kerouac, Jack 67

Kiki 18, 55 ff., 84
Kisling, Moïse 52, 57, 58
Koestler, Arthur 38
Kosma, Joseph 30
La Fontaine, Jean de 77
La Rochefoucauld, François 77
Laroque, André 84
Larousse, Pierre 49, 53
Lawrence, D. H. 48
Le Gallience, Richard 16
Leblanc, Georgette 79
Léglise, Michelle 28
Lenclos, Ninon de 77
Lenin, W. I. 49, 57
Levy, Rudolf 50
Lewis, Sinclair 17, 50, 83
Loeb, Harold 33, 48
Longfellow, Henry Wadsworth 66
Loy, Mina 48
Maar, Dora 24
Maeterlinck, Maurice 41
Marat, Jean Paul 66
Mc Almon, Robert 44 f., 48, 52
Mac Leish, Archibald 43
Mallarmé, Stéphane 24, 63
Martin, Florence 47
Maurras, Charles 29
Maupaussant, Guy de 49, 66, 69, 77
Milhaud, Darius 73
Miller, Henry 23, 34, 45 f., 50 f., 64
Mitterrand, François 32, 36
Modigliani, Amedeo 20, 52, 57, 85
Molière, Jean-Baptiste 77
Monnier, Marie 53
Moysès, Louis 73
Murphy, Sara u. Gerald 13
Murger, Henri 20
Mussett, Alfred de 66
Nin, Anaïs 20, 46
Nölken, Franz 51
O'Flaherty, Liam 83
Oppenheim, Meret 15
Orage, A. R. 77
Pâquerette 1, 58
Pascin, Jules 18, 50
Paul, Elliot 64
Paulhan, Jean 32
Perlès, Alfred 46
Pfeiffer, Pauline 13

Picasso, Pablo 1, 24, 29, 35 f., 41, 46, 49, 57, 58, 77, 85
Pissaro, Camille 85
Pivot, Bernard 32
Pound, Ezra 43, 54
Prévert, Jacques 29 f., 34
Proust, Marcel 20, 37, 69
Puccini, Giacomo 20
Putham, Samuel 48
Quinet, Edgar 49
Rabelais, François 11, 63
Racine, Jean 23, 36, 67
Ray, Man 18, 35, 48, 54, 56
Reed, John 59
Renoir, Pierre Auguste 85
Resnais, Alain 34
Richelieu, Armand-Jean du Plessis 77
Rimbaud, Arthur 24, 65
Rodin, Auguste 55, 58, 63
Romains, Jules 42
Root, Waverly 5, 10, 32
Rousseau, Jean Jacques 63, 66
Rude, François 49
Rudolph, Alan 35
Sacco und Vanzetti 60
Sagan, Françoise 46
Sainte-Beuve, Charles Augustin 49
Saint-Exupéry, Antoine de 32
Salmon, André 20, 34, 57
Sand, George 23, 66
Sartre, Jean-Paul 11, 12, 14, 17, 21, 23, 28, 29, 34, 37, 38, 49, 51 f., 63, 64, 77, 82
Satie, Erik 85
Seldes, Gilbert 77
Shattuck, Roger 17, 85
Shirer, William L. 24, 63 f.
Simenon, Georges 37, 69, 76
Solano, Solita 79
Soupault, Philippe 24
Soutine, Chaim 49
Symons, Arthur 24
Schelfhout, Lodewijk 51
Schlumberger, Jean 37
Stearns, Harold 19, 48, 59
Stein, Gertrude 13, 35
Stevenson, Robert Louis 69
Tarkington, Booth 77, 79
Thackeray, William Makepeace 69
Thurber, James 63, 64

Titus, Edward 48
Toklas, Alice B. 35
Trabant, Warren 63
Triolet, Elsa 45
Trotzki, Leo 20, 49, 57
Truffaut, François 34
Tunney, Gene 33
Turgenjew, Ivan 77
Twysden, Duff 48
Tzara, Tristan 17, 49, 54
Uhde, Wilhelm 50
Utrillo, Maurice 85
Vail, Lawrence 45, 56, 60
Valéry, Paul 63, 73
Verlaine, Paul 11, 14, 24, 41, 53, 65 f.
Vian, Boris 12, 34
Vidal, Gore 26
Vlaminck, Maurice 57
Voltaire, François-Marie 63, 66
Whistler, James Abott Mc Neill 41
Wilde, Oscar 20, 23, 26, 36, 38, 82
Wilder, Thornton 33, 83
Wood, Grant 24
Wolfe, Thomas 9, 36, 44, 79
Wright, Richard 65 f.
Zadkine, Ossip 52
Zarate, Ortis de 58
Zola, Émile 16, 66, 73, 79
Zurkinden, Irène 15

Noël Riley Fitch lebt in Los Angeles. Sie unterrichtet an der University of Southern California Nonfiction Writing. Neben einer Reihe von wissenschaftlichen Untersuchungen hat sie folgende Bücher veröffentlicht: *Sylvia Beach and the Lost Generation: A History of Literary Paris* und *Hemingway in Paris*. Demnächst erscheint ihre Biographie über *Anaïs: The Erotic Life of Anaïs Nin*.

Mary Ellen Jordan Haight
Spaziergänge durch
Gertrude Steins Paris
Aus dem Amerikanischen
von Karin Polz
163 Seiten. 115 Abb.
5 Karten. Brosch.

... wo AutorInnen an der Handpresse standen und FreundInnen ihre FreundInnen
verlegten. Ein Reiseführer durch das Paris der Avantgarde 1900–1940.
»In einem ungewöhnlich reizvoll bebilderten Städteführer für Literaturfreunde
breitet die Autorin in fünf mit Plänen und Skizzen versehenen Kapiteln auf
amüsante Weise eine Fülle von Informationen aus.«
Helmut Winter, Frankfurter Allgemeine Zeitung
»Lieben Sie Spaziergänge? Dann folgen Sie den Spuren von Modigliani oder
Matisse, von Picasso, Pound oder der Colette.«
Sven Ricklefs, Bayerischer Rundfunk

Paul Raabe
Spaziergänge durch Goethes Weimar
187 Seiten. 154 Abb.
5 Karten. Brosch.

Wo begegnete Goethe Christiane Vulpius, seiner späteren Frau? Wo lebte Johanna
Schopenhauer mit ihrer Tochter Adele? Und wo logierten die berühmten Besucher,
die sich das untergegangene klassische Weimar lebendig machen wollten: Rainer
Maria Rilke und Thomas Mann, Franz Kafka und Thomas Wolfe?
Auf fünf Spaziergängen führt der Autor durch das Weimar der letzten 200 Jahre:
Erkundungen und Entdeckungen berühmter und vergessener Plätze deutscher
Kulturgeschichte der Goethezeit, aber auch der nachklassischen Epoche, von Liszt
und Freiligrath zu Gropius und Kandinsky.
»Ein sehr praktisches, gut bebildertes Handbuch... das auch der brauchen kann,
der sich in Weimar und der klassischen deutschen Literatur gut auszukennen
glaubt, denn Paul Raabe weiß einfach mehr...«
Jörg Drews, Süddt. Zeitung

Cornelius Schnauber
Spaziergänge durch
das Hollywood der Emigranten
164 Seiten. 133 Abb.
6 Karten. Brosch.

Hollywood–Los Angeles – das war in den dreißiger und vierziger Jahren die größte kulturelle Diaspora in der Geschichte Europas. Über 1500 Schriftsteller, Schauspieler, Filmemacher und Intellektuelle waren hierher emigriert: so berühmte wie Thomas Mann und Lion Feuchtwanger, Bertolt Brecht und Franz Werfel, Fritz Lang und Arnold Schönberg und viele (noch) unbekannte. Auf sechs Spaziergängen und -fahrten folgt der Leser und Besucher noch einmal den Spuren jener Zeit im Hollywood von heute. »Dieses ›Who's Who‹ der geistigen und künstlerischen Elite, diese kleine Kulturgeschichte aus dem 20. Jahrhundert gehört auf jeden Nachttisch.«
Hamburger Abendblatt

Tessin
Ein Lesebuch
Herausgegeben von
Esther Scheidegger
163 Seiten

Es war einmal: Ascona. Überhaupt das Tessin. Ein Dorado für Ästheten, Sonnen-
hungrige, Weltflüchtige, Vegetarier, Lebenskünstler. Ein Lesebuch mit Beiträgen
von Jacob Burckhardt, Friedrich Glauser, Patricia Highsmith, Rudolf Jakob Humm,
Franziska von Reventlow, Richard Seewald, Marianne Werefkin und vielen
anderen.
»Man liest die vielen Geschichten der zugereisten Literaten mit Wehmut, mit
Vergnügen, mit Sehnsucht.«
Frankfurter Allgemeine Zeitung